Éloges pour *Les sept décisions*

« Je n'arrivais pas à déposer ce livre. L'histoire est des plus captivantes et la sagesse qu'elle recèle est millénaire. »

—Thurl "Big T" Bailey, musicien
et ancien joueur vedette de la NBA

« Andy Andrews présente son message de réussite d'une manière inspirante, amusante et des plus intrigantes. Je n'ai pas pu m'arrêter de lire. Je mourais d'envie de savoir où l'intrigue allait me conduire, comment tout cela se terminerait. Les dialogues coulent tout naturellement et en douceur ; les gens sont très réels. Les exemples historiques sont captivants ; ils font facilement écho aux expériences et aux connaissances du lecteur. »

—Peter Boespflug, directeur des communications,
New York State United Teachers

« À une époque où nous sommes bombardés continuellement par la spiritualité à bon marché, le détour mental et l'immoralité envahissante, il est rafraîchissant de tomber sur un livre aussi nourrissant, substantiel et inspirant. Merci, Andy Andrews ! »

—Pat Boone, artiste de variétés

« Il est plutôt rare de trouver un livre que l'on n'a pas envie de terminer, qui nous captive à chaque page et qu'on lit plus lentement à mesure que l'on approche de la fin. Les sept décisions incroyablement profondes et éclairantes entourant la réussite, de même que l'énorme talent d'écrivain d'Andy font de son livre, *Les sept décisions,* l'un de ces rarissimes bijoux. »

—Scott Jeffrey, auteur de *Journey to the Impossible*

« Andy Andrews a le talent si charmant de nous concocter une histoire fascinante, mettant en scène des personnages à la fois familiers et impressionnants. *Les sept décisions* m'a touchée d'une manière qu'aucun autre livre ne l'avait fait jusqu'ici. »

—Barbara Johnson, humoriste et auteure du best-seller, *Stick a Geranium in Your Hat and Be Happy*

« D'une vérité incroyable et raconté avec beaucoup de créativité. »

—Nicole Johnson, actrice et auteure de *Fresh-Brewed Life*

« Dans *Les sept décisions,* Andy Andrews a merveilleusement réussi à amalgamer les principes touchant la réussite et la vérité, d'une manière qui a suscité un regain d'introspection en moi. Chaque personne qui lira cet ouvrage devrait s'en procurer une copie supplémentaire pour un ami et ainsi devenir le témoin des changements positifs qui ne manqueront pas de se produire. »

—B. P. Loughridge, M.D., chirurgien cardiaque, boursier Fullbright Europe et auteur

« Dans la veine d'Og Mandino, Andy Andrews a accouché d'un conte très captivant sur le plan éthique. *Les sept décisions* est un livre qui fait réfléchir ; vous serez mis au défi d'atteindre votre plein potentiel en le lisant. »

—John C. Maxwell, auteur et fondateur du INJOY™ Group

« Le parcours de David Ponder dans *Les sept décisions* touchera votre cœur ; il illuminera votre pensée et il vous motivera dans votre vie. Ce petit livre présente un message des plus dynamiques et puissants. »

—Norm Miller, président, Interstate Batteries

« *Les sept décisions* est le cadeau qui convient pour quiconque aspire à connaître la réussite dans la vie. Au fil d'une histoire très agréable à lire, on y découvre sept principes puissants et pratiques tout à la fois, capables de changer votre vie à jamais ! »

—Don Moen, vice-président exécutif, Integrity Media

« Un voyage le long de l'autoroute du temps – dans lequel chaque chapitre vous conduit vers une destination de compréhension et de réussite personnelle ! Du véritable Dickens. »

—Michael Panepento, directeur des opérations,
WorkPlay Theatre, Inc.

« *Les sept décisions* est d'une grande efficacité. En faire la lecture m'a aidée autant dans ma vie personnelle que professionnelle. Ce livre a eu une influence très positive sur moi – et je n'ai aucun doute qu'il va toucher un grand nombre de personnes. »

—Theresa Reagan, directrice exécutive,
Children's Health Education Center

« Dans ce petit livre très puissant, Andy utilise son récit pour offrir de sages recommandations à quiconque cherche une voie meilleure. De la bouche même de l'un de nos plus grands présidents émanent des conseils du genre que vous avez toujours eu besoin d'entendre – mais que vous n'avez jamais pris le temps d'écouter. Vous grandirez en sagesse au bout de quelques heures seulement en lisant ce livre ! »

—Tim Sanders, directeur en chef / Solutions, chez Yahoo !
et auteur de *Love is the Killer App : How to Win Business and Influence Friends*

« *Les sept décisions* fournit un guide routier utile et motivant pour faire son chemin dans la vie. »

—John Schuerholz, directeur gérant des Braves d'Atlanta

« Une approche rafraîchissante qui change votre manière de penser ! *Les sept décisions* vous encouragera à actualiser votre plein potentiel. »

—Dr Robert Schuller, fondateur, La cathédrale de cristal

« J'étais littéralement fasciné. Andy Andrews a gagné mon cœur avec *Les sept décisions*. »

—Gary Smalley, auteur et conférencier

« Le livre d'Andy Andrews, *Les sept décisions,* confirme une conviction que j'ai depuis très longtemps. Les principes qui mènent à la réussite n'ont pas changé depuis plus de 6000 ans. La lecture de ce livre en vaut vraiment la peine ; elle stimulera votre pensée et inspirera votre cœur. »

—Hyrum W. Smith, coprésident du conseil d'administration, FranklinCovey

« Une perspective excellente sur des vérités fabuleuses. Une lecture qui s'impose. »

—Kris L. Thompson, directeur divisionnaire des artistes associés, World Vision

« Ces sept secrets inspirés de la sagesse ancienne et tirés de l'expérience contemporaine constituent la clé de la réussite dans la vie ! Ils sont faciles à apprendre et faciles à appliquer – un excellent guide vers le futur. »

—Brian Tracy, auteur, *Focal Point*

« Ce livre est rempli d'idées lumineuses dont chacun pourra profiter pour le reste de sa vie. Il raconte une histoire merveilleuse qui sera appréciée par des gens de tous âges, j'en suis certain. »

—Randy Travis, artiste de variétés

« Un périple incroyablement inspirant ! Andy Andrews est la parfaite illustration de la voie qui mène à la réussite. »

—Dr Denis Waitley, auteur de *Semences de grandeur*

LES SEPT DÉCISIONS

Catalogage avant publication de Bibliothèque et Archives nationales du Québec et Bibliothèque et Archives Canada

Andrews, Andry, 1959-
Les 7 décisions : les choix qui détermineront votre succès
Traduction de : *The Traveler's Gift.*
Comprend des réf. bibliogr.
ISBN 978-2-89436-292-1
1. Succès - Aspect psychologique. 2. Morale pratique. I. Titre. II. Sept décisions.
BF637.S8A5214 2011 158.1 C2011-940306-4

Nous reconnaissons l'aide financière du gouvernement du Canada par l'entremise du Programme d'aide au développement de l'édition (PADIÉ) pour nos activités d'édition. Nous remercions la Société de développement des entreprises culturelles du Québec (SODEC) pour son appui à notre programme de publication.

Traduction : Richard Ouellette
Infographie de la couverture : Roseau infographie inc.
Mise en pages : Roseau infographie inc.
Correction d'épreuves : Michèle Blais

Éditeur : Les Éditions Le Dauphin Blanc inc.
Complexe Lebourgneuf, bureau 125
825, boulevard Lebourgneuf
Québec (Québec) G2J 0B9 CANADA
Tél. : (418) 845-4045 Téléc. : (418)845-1933
Courriel : dauphin@mediom.qc.ca
Site Web : www.dauphinblanc.com

ISBN : 978-2-89436-292-1

Dépôt légal : 1er trimestre 2011
Bibliothèque nationale du Québec
Bibliothèque nationale du Canada

Imprimé au Canada

Limites de responsabilité

ANDY ANDREWS

LES SEPT DÉCISIONS

LES CHOIX QUI DÉTERMINERONT VOTRE SUCCÈS

TRADUIT DE L'ANGLAIS
PAR RICHARD OUELLETTE

LE DAUPHIN BLANC

*Je dédie ce livre à Robert D. Smith,
un champion – et la source d'inspiration
du présent ouvrage.*

Dans toute action grandiose, quelque chose réside. Dans les vastes espaces, quelque chose demeure. Les formes peuvent changer et passer, les corps peuvent disparaître, mais les esprits s'attardent pour consacrer la terre, lieu où a pris racine la vision qui anime l'âme. Ainsi, les hommes et les femmes animés du plus grand respect et qui viendront dans l'avenir, appartenant à des générations qui ne nous connaissent pas et dont nous ne savons rien, viendront ici pour réfléchir et pour rêver, et la puissance de la vision s'installera alors dans leur âme.

— Joshua Lawrence Chamberlain,
1828-1914

Chapitre un

LES PHARES DU TAXI ONT BALAYÉ LA MAISON TANDIS QUE LA voiture quittait l'allée en reculant. David Ponder se tint seul sur la pelouse avant, devant la maison que sa femme Ellen et lui avaient habitée pendant plus de vingt ans maintenant. David se baissa pour s'asseoir sur le gazon. La nausée s'empara de son être tout entier tandis que la panique envahissait son âme. Comme un serpent se hissant le long de sa colonne pour s'enrouler autour de son cou, ce n'était pas une attaque rapide et dévastatrice, mais plutôt la réalisation lente et terrifiante que la vie, telle qu'il l'avait connue jusqu'ici, venait de prendre fin subitement. Il avait quarante-six ans. Il venait de perdre son boulot. Il n'avait plus d'argent. Il ne trouvait plus aucun sens à sa vie.

Peu de temps après, David se tenait debout dans l'embrasure de la porte de la chambre de sa fille. Cela faisait maintenant un bon mois qu'il ne l'avait vue éveillée. Ces derniers temps, son horaire de travail avait été plutôt intense. Fournissant un effort désespéré pour empêcher que son employeur ne soit racheté par un concurrent, il lui arrivait souvent de quitter la maison avant que le jour se lève et il rentrait le soir bien après que la famille se fut mise au lit. À plusieurs reprises au cours des dernières semaines, il n'était même pas rentré chez lui du tout.

David déposa tout doucement sa mallette à côté de la commode et il s'approcha du lit. La respiration de son enfant unique était le seul bruit qui remplissait la chambre si paisible. Se retrouvant sur ses genoux, David caressa un moment les cheveux de sa fille. Ils étaient si doux. La veilleuse en forme de Cendrillon qu'elle adorait tant depuis son quatrième Noël, projetait une lueur angélique autour de son visage aux contours parfaits. Jennifer Christine Ponder. « Ma petite Jenny », murmura-t-il. David se souvint alors du jour de sa naissance… il y avait douze ans aujourd'hui. Il jeta un coup d'œil au réveil sur la table de nuit : 2 h 18. Bon, d'accord, pensa-t-il d'un air dégoûté, il y avait douze ans hier. Une larme roula sur sa joue.

« David ? » C'était Ellen. Avançant jusqu'à lui dans la chambre, elle mit la main sur son épaule. « Je t'ai entendu entrer. Est-ce que ça va ? »

David plongea son regard dans celui de sa femme. Ses cheveux étaient en pagaille à cause du sommeil, et bien sûr, elle ne portait aucun maquillage. Elle avait enfilé un long t-shirt blanc qui contrastait avec la couleur foncée de ses cheveux mi-longs. Ses yeux bruns étaient remplis de sommeil, mais elle lui paraissait aussi belle que le jour où ils s'étaient rencontrés, vingt-cinq ans auparavant.

Ellen s'agenouilla à côté de son mari. Avec ses doigts, elle replaça la mèche de cheveux couvrant son front.

« David, répéta-t-elle, est-ce que ça va ? »

Il prit sa main dans les siennes, la porta à ses lèvres et dit simplement : « Non. »

• • •

À 5 h 00, Ellen était couchée sur le côté, endormie, la tête appuyée sur la poitrine de David. Celui-ci, allongé sur le dos, se demandait comment elle arrivait à dormir dans une situation pareille. Il n'était pas certain, pour sa part, qu'il parviendrait jamais à dormir un jour. Pendant les deux heures qui avaient précédé, il avait raconté à Ellen tout ce qui s'était produit au cours de la soirée de la veille.

Tard dans l'après-midi, David et une équipe de personnel cadre s'étaient réunis dans la grande salle de conférence. À 17 h 00, tout le monde s'était jeté sur le téléphone, sollicitant fiévreusement le soutien des actionnaires. C'était une tentative désespérée et de dernière minute pour empêcher une prise de contrôle hostile par un conglomérat prédateur. L'avis final avait atteint l'équipe réunie dans la salle de conférence, peu de temps avant minuit. En dépit de leurs meilleurs efforts – des larmes, des appels à l'aide, des prières et des imprécations –, la prise de contrôle avait été complétée. Tous les emplois de cadres et de superviseurs à l'usine avaient, par voie de conséquence, pris fin en même temps.

Un gardien de sécurité était entré dans le bureau de David, moins de dix minutes après l'appel fatidique et lui avait offert de l'aider à ramasser ses affaires. Moins d'une heure plus tard, David se trouvait devant le poste de la sécurité, près de l'entrée de l'usine, attendant un taxi. Après vingt-trois années de loyaux services, David avait été sommé de remettre les clés de son bureau, les clés du gym et les clés de la voiture que lui fournissait la société.

Tandis qu'il demeurait étendu là, éveillé, David se mit à penser à sa vie. Lui et Ellen s'étaient connus le lendemain du jour de leur graduation de l'Université de l'Iowa. David avait obtenu un diplôme en commerce et il était déterminé à se tailler une place au soleil dans une compagnie citée dans la liste de Fortune 500. Ellen, pour sa part, avait obtenu un diplôme en éducation et souhaitait enseigner dans une école. Ils se sont fréquentés durant deux ans. Les gens leur demandaient souvent s'ils étaient frère et sœur. La taille de David constituait leur seule différence. Il était plus grand qu'elle, faisant près d'un mètre quatre-vingt-dix, mais leurs cheveux foncés, leurs yeux bruns et leur physique plutôt svelte leur donnaient une même apparence.

Ils se seraient mariés plus tôt si ce n'avait été de l'insistance de David de se trouver un boulot convenable avant de pouvoir s'installer. Il travaillait alors dans la boutique de souliers de son père – un emploi bouche-trou – et posait sa candidature à différents postes offerts aux quatre coins du pays. Ellen enseignait en cinquième année depuis tout près d'un an lorsque David fut accepté comme stagiaire à l'emploi, dans une société chimique à Dallas. Ils se sont mariés peu de temps après.

David s'est alors plongé littéralement dans son travail. Il sentait qu'il avait trouvé la position qui lui permettrait d'assurer l'avenir de sa famille. Ellen, pour sa part, aimait bien enseigner et continua d'exercer son métier jusqu'à la naissance de Jenny, pour ne jamais y revenir après. La famille luttait un peu financièrement pour tirer son épingle du jeu avec un seul salaire, mais c'était là un sacrifice auquel ils acceptaient de consentir pour qu'un des parents puisse demeurer à la maison et prendre soin de leur fille.

« Ellen », dit David, en lui serrant doucement le bras.

« Qu'y a-t-il, chéri ? » marmonna-t-elle.

« Est-ce que Jenny est fâchée contre moi ? »

« Comment ? » demanda Ellen.

« Est-ce que Jenny est en colère parce que j'ai raté son anniversaire ? »

Ellen plaça son bras autour de David. « Non, chéri, Jenny va très bien. »

« Je *m'en* veux énormément pour cela, tu sais. Chérie… Ellen ? »

David poussa un soupir. Ellen avait glissé à nouveau dans le sommeil. Le monde aurait pu arriver à sa fin et Ellen se serait quand même endormie sans problème. Il n'avait jamais compris comment elle pouvait faire cela si facilement. Elle éclatait habituellement de rire en disant qu'elle savait qu'il prendrait toujours soin d'elle. *Si c'est le cas,* pensa David, *alors comment peut-elle dormir maintenant ? N'était-il pas évident qu'il échouait lamentablement dans ce domaine ?*

Fixant le plafond dans la pénombre, David se souvint du jour où il déambulait le long d'une plage au clair de lune, sur l'île de St. John, dans les Caraïbes. Cette lune de miel avait été un cadeau de ses beaux-parents. Le père d'Ellen possédait une petite entreprise d'entretien de pelouses et il avait insisté pour utiliser une partie de ses économies pour souligner avec honneur le début du mariage de sa fille d'une manière toute spéciale. Et ce fut vraiment spécial. Ils ont marché sur la plage et discuté pendant des heures. À un certain moment, se rappelait David, il avait pris le visage de sa femme entre ses mains et il lui avait dit : « Je te promets tout. » Elle n'avait pas ri. Il était très sérieux et elle le savait.

Ils avaient prié pendant plus de dix ans pour avoir un enfant et lorsque Jenny est arrivée, leur vie leur a paru comblée. David avait alors orienté tous ses efforts et sa volonté en vue d'offrir à sa famille une maison et un style de vie qui leur permettrait de goûter une certaine prospérité. Bien que son travail à l'usine lui procure de quoi vivre, il ne lui avait jamais vraiment assuré une vie digne de ce nom. Comme David l'avait mentionné un jour à un ami : « Je dois travailler si fort pour vivre là où nous voulons habiter que j'ai rarement le temps d'y mettre moi-même les pieds. »

Et à mesure que les années ont passé, leurs économies avaient peu à peu fondu. Une entreprise d'ordinateurs que David avait démarrée avec son copain d'université avait fermé ses portes au bout de deux ans et l'augmentation constante des taux d'intérêt était venue à bout de leurs investissements immobiliers. Subséquemment, l'argent mis de côté pour les études de Jenny depuis sa naissance avait été utilisé pour défrayer le coût de ses appareils dentaires, à peine six mois auparavant. David essaya en vain de se rappeler si le montant versé à l'orthodontiste couvrait tout. *Étrange, ce qui nous passe par la tête à des moments pareils,* songea David. *Si je n'ai pas déjà payé pour les faire enlever, Jenny risque de les porter encore quand elle aura trente ans.*

L'esprit de David dériva à nouveau vers la plage de St. John. « Je te promets tout », avait-il dit. Il sentit l'amertume lui serrer la gorge. David se tourna vers Ellen, toujours endormie paisiblement à côté de lui. *Je t'ai tout promis,* pensa-t-il, *et voilà que je ne t'ai rien offert du tout.* David s'éjecta du lit en courant à la salle de bain. Il se mit à vomir.

Il était environ sept heures quand Ellen s'est réveillée, seule. Enfilant son peignoir et ses pantoufles, elle se dirigea vers la cuisine où elle trouva son mari assis à la table pour le déjeuner. Il lui sembla étrange de le voir portant jeans et t-shirt. Depuis des années, David avait toujours été le premier à se réveiller dans la famille et, à cette heure, il avait toujours été sur le point de franchir la porte dans son costume-cravate. Ellen comprit qu'il n'avait pas fermé l'œil de la nuit. « Bonjour, mon chéri », lui dit-elle.

« Jenny n'est pas encore levée, commenta David. J'ai fait le café. »

Elle le regarda un moment. « David, dit-elle, tout se passera bien, je t'assure. » Il tourna la tête pour regarder par la fenêtre donnant sur la cour arrière. « David, lui dit-elle de nouveau, tout se passera bien, tu verras. Ce n'est pas la première fois que nous traversons des temps difficiles. »

« J'ai quarante-six ans, Ellen, répondit David. Les cadres de quarante-six ans ne sont embauchés nulle part sauf chez McDonald's. Nous avons pris une deuxième hypothèque sur la maison, tu sais. Ta voiture n'est pas encore payée et je n'ai plus celle de la compagnie. Je ne recevrai aucune indemnité de départ de l'usine parce que j'ai refusé l'offre de préretraite qu'ils nous avaient offerte l'an passé. Il ne nous reste plus d'argent et je ne sais pas où aller pour en emprunter davantage. Ceci est plus qu'un temps difficile et nous n'avons jamais eu à vivre une chose pareille jusqu'ici. »

« Alors, qu'allons-nous faire ? » demanda Ellen.

« Je n'en sais rien, répondit David. Je n'en ai aucune idée. »

Chapitre deux

SEPT MOIS PLUS TARD, DAVID SE SENTAIT COMME un boxeur au tapis. La couverture d'assurance maladie de son ancien employeur était arrivée à son terme et le boulot à temps partiel qu'il avait déniché dans une quincaillerie lui procurait à peine plus que le salaire minimum. Ellen faisait même plus d'argent que lui. Elle avait mis des petites annonces photocopiées sur les tableaux d'affichage un peu partout à travers la ville et elle faisait le ménage chez les gens cinq jours par semaine. Depuis des mois, David avait continué à chercher quotidiennement du boulot. La suite apparemment ininterrompue de rejets semait la confusion en lui. *J'imagine que je vais remonter la pente bientôt,* se disait-il continuellement, *parce que la situation ne pourrait être pire.* Pourtant, elle s'envenima davantage.

Ce matin-là, le temps était froid et sec. C'était là tout ce que David avait toujours détesté de l'hiver. Le ciel avait la couleur de l'eau sale et la température sous zéro était accompagnée d'un vent maussade qui transperçait David de ses mille coups de couteau. Après s'être glissé dans la voiture d'occasion qu'il avait achetée avec un prêt de son père, David lança un juron qui n'était adressé à rien ni personne en particulier.

Cette voiture était le rappel constant de son échec complet. Il avait répondu à une annonce dans le journal et payé la somme de neuf cents dollars à un collégien pour ce qu'il espérait n'être qu'un moyen de transport temporaire. C'était une Dodge Colt à deux portières, de couleur argent un peu délavé, à l'exception de l'aile droite qui était noire. Les feux arrière des freins avaient lâché environ dix minutes après que David eut scellé la vente, et le chauffage n'avait jamais vraiment fonctionné au départ.

Grelottant en conduisant vers son lieu de travail, l'esprit de David était tout aussi engourdi que son corps. Ellen était restée debout une bonne partie de la nuit auprès de Jenny. L'enfant faisait de la fièvre et souffrait d'un mal de gorge depuis maintenant trois jours et vu le manque de sommeil, personne dans la famille n'allait vraiment bien. Jenny, par ailleurs, était plutôt mal en point. Il s'agissait de la cinquième ou de la sixième fois qu'elle était malade depuis le début de l'hiver. David avait cessé de compter.

En sortant de la douche ce matin-là, il avait entendu Ellen raccrocher le téléphone. « Qui était-ce ? » lui avait-il alors demandé.

« C'est le bureau du docteur Reed, David, dit-elle. Je dois y conduire Jenny pour savoir ce qui ne va pas. Le Tylenol n'a aucun effet. »

« Quel genre de père suis-je ? » dit David tout haut, interrompant sa rêverie, tandis qu'il garait sa voiture dans le stationnement derrière la quincaillerie Marshall. « Quel genre de *personne* suis-je ? Bon sang ! Qu'est-ce qui m'a pris ? »

Lorsque Ellen avait mentionné le médecin, il avait pété les plombs. D'où pensait-elle que provenait l'argent ? lui avait-il alors crié et, bien sûr, elle avait crié de plus belle qu'elle allait le voler s'il le fallait. Il s'agissait de leur fille, lui avait-elle lancé. N'avait-il plus aucun intérêt pour son bien-être ? Avant de quitter la maison en trombe, David fit un détour par la chambre de Jenny pour l'embrasser. Elle avait de grosses larmes qui lui coulaient le long des joues. Jenny avait tout entendu.

Vers dix heures ce matin-là, David travaillait à empiler des bardeaux sur un camion à plateau à l'extérieur du magasin. Il était reconnaissant d'avoir quelque chose à faire. Les bardeaux étaient lourds et lui fournissaient un endroit où diriger sa colère.

« Ponder ! » cria quelqu'un. David releva la tête. C'était monsieur Marshall, le propriétaire du magasin. Grand efflanqué, l'homme âgé avait les cheveux blancs bouclés et un nez rouge ; il était penché à l'extérieur de la porte arrière du magasin, faisant signe à David. « Téléphone », grommela-t-il tandis que David passait devant lui pour entrer dans le magasin où il faisait chaud. « C'est votre femme. Dépêchez-vous. Je vous avais déjà averti au sujet des appels personnels. »

« Ellen, dit David en prenant le combiné. Où es-tu ? »

« Je suis à la maison, répondit-elle. Nous rentrons tout juste de chez le médecin. »

« Que t'a-t-il dit ? »

« David, ce sont ses amygdales. »

« D'accord. »

Elle fit une pause. « Chéri, le docteur Reed dit qu'il faut lui retirer ses amygdales. Il a dit qu'il faut procéder sans délai. »

« Ponder ! »

David jeta un coup d'œil tout autour. C'était monsieur Marshall. « Grouille-toi un peu, dit-il. Le chauffeur du camion attend… »

« David ? Es-tu là ? » a-t-il entendu Ellen demander à l'autre bout du fil.

« Oui, oui, je suis là, répondit-il. Mais Ellen, nous n'avons aucune assurance. »

« J'ai déjà vérifié, ajouta-t-elle. L'intervention chirurgicale, incluant l'hospitalisation, ne s'élèvera qu'à onze cents dollars. »

David était sonné. « Nous n'avons pas ces onze cents dollars », dit-il.

« Nous pouvons payer à l'aide d'une carte de crédit. »

« Hé ! Ponder. C'est la dernière fois que je te le dis. Dépose ce foutu téléphone », le somma le propriétaire du magasin.

David mit sa main sur son oreille pour mieux se concentrer sur sa conversation avec sa femme. « Nous n'avons plus de marge de manœuvre sur nos cartes de crédit, Ellen. Elles sont toutes pleines. »

Ellen se mit à pleurer. « Eh bien, nous allons devoir emprunter l'argent alors, David. Jenny est malade. »

« Je sais que Jenny est malade, chérie, mais nous ne pouvons plus rien emprunter. Nous avons un mois de retard sur l'hypothèque de la maison et deux mois sur ta voiture. Aucune banque ne voudra de nous. Mes parents n'ont plus un seul dollar à nous prêter et Dieu sait que tes parents n'en ont pas non plus. Avec l'entreprise d'entretien de pelouses de ton père, ils arrivent à peine à joindre eux-mêmes les deux bouts durant l'hiver. »

Ellen réussit à marmonner au travers ses sanglots : « Oh David ! Qu'allons-nous faire ? »

« Ne t'inquiète pas, a-t-il répondu. Je vais trouver l'argent d'une manière ou d'une autre. Peut-être accepteront-ils que je fasse du surtemps ici ? Ou peut-être pourrai-je obtenir une avance ? Je vais trouver l'argent. » Comme Ellen ne cessait pas de pleurer, David la supplia : « Chérie, calme-toi, je t'en prie. Je dois y aller. Je vais m'occuper de tout cela, je te le promets. Je t'aime. » Il déposa le combiné.

Se tournant pour se déplacer de derrière le comptoir, David se trouva devant monsieur Marshall. « Je suis désolé… » a-t-il eu le temps de dire, mais le vieil homme lui coupa la parole.

« Au prochain emploi, vous devrez tenir compte des règles », lui lança Marshall.

David était confus. « Pardon ? » demanda-t-il.

« Revenez vendredi. Votre chèque vous attendra. Je vous mets à la porte. »

« Je... Je suis viré ? dit David, en colère. Vous me mettez à la porte parce que j'ai utilisé le téléphone ? » Marshall se tenait là, les deux bras croisés. « Ma fille est malade ! » Le vieil homme resta de marbre. David n'en revenait tout simplement pas. Il pointa vers le téléphone. « C'était ma femme qui m'appelait parce que notre fille est malade. » David fit une pause, puis il répéta, cette fois presque sous la forme d'un murmure : « Ma petite fille est malade. » Levant, puis baissant les mains dans un geste désespéré et secouant la tête, David se retourna et se dirigea lentement vers la sortie.

Une fois rendu à sa voiture, David fouilla ses poches pour trouver ses clés et il se mit à rigoler. Il avait eu une brève vision de la voiture refusant de démarrer. « Monsieur Marshall, se voyait-il en train de dire, ma voiture refuse de démarrer. Puis-je utiliser votre téléphone ? » Tournant alors la clé de contact, David ricana de nouveau quand la voiture se mit à ronronner.

À l'évidence, pensa-t-il, *je me bidonne en ce moment parce que je dois être en train de perdre la boule.* En roulant pour sortir du stationnement de la quincaillerie, il conclut : *Si je suis suffisamment sain d'esprit pour constater que je perds la boule, cela doit signifier sans doute que tout va bien.* Il rigola de plus belle. Cette fois, il en rit même jusqu'aux larmes...

Une fois sur l'autoroute, David poursuivit son chemin au-delà de sa sortie habituelle vers la maison. Il y avait peu de circulation et il n'était que 11 h 15. Aucune raison d'aller chez lui et de partager si tôt la mauvaise nouvelle avec Ellen. *Ellen ne mérite pas un tel sort,* se dit David. *Et Jenny ne m'a certainement pas choisi comme père. Il y a un an, je me trouvais au sommet du monde ; voilà que désormais, je n'arrive même plus à pourvoir aux besoins de ma famille.*

David arrêta la voiture sur la bande d'arrêt d'urgence. Penchant la tête, il joignit les mains et dit tout haut : « Oh Dieu… Oh Dieu… » Il s'arrêta et demeura silencieux durant presque une minute. « Oh Dieu… » répéta-t-il. Après une autre minute écoulée, il embraya la Colt et se remit en route. *Je ne suis même pas capable de prier,* pensa-t-il.

Cédant à une impulsion soudaine, David prit la sortie Grayton. Il se trouvait maintenant à soixante kilomètres de chez lui et ne suivait aucune direction en particulier. *Quelle belle illustration de ma vie,* pensa-t-il, *n'avoir aucune direction en particulier, aucun endroit en vue. N'avais-je pas l'habitude de croire que j'avais un but dans la vie ?* David réfléchit. *N'étais-je pas en train d'accomplir quelque chose ?*

David regarda le compteur de vitesse. Il indiquait cent dix. Il n'y avait pas d'autre véhicule sur la voie. Il appuya sur le champignon. Cent vingt. Tandis qu'il roulait ainsi, avalant collines et courbes, David oublia qu'il roulait à vive allure. Cent trente kilomètres-heure. Ses pensées semblaient filer tout aussi rapidement dans sa tête. Ellen était toujours jeune. Elle était jolie. S'il n'était plus là, elle pourrait trouver quelqu'un qui prendrait beaucoup mieux soin d'elle et de Jenny. *J'ai toujours une assurance vie,* pensa-t-il. *N'auraient-elles pas de meilleures chances de s'en tirer sans moi ? Personne ne serait plus jamais embêté par ma présence.*

Sans réfléchir davantage, David enfonça le pied au plancher. La petite voiture grinçait de partout tandis que David s'accrochait à son volant, espérant échapper ainsi à la lourdeur de sa propre vie. Des larmes ruisselaient sur son visage. Il abaissa la vitre de sa portière, fonçant droit devant lui sur l'autoroute. Le vent froid le ramena bientôt à ses sens. « Que suis-je en train de faire là ? » dit David à voix haute. « Pourquoi est-ce qu'une chose pareille… Pourquoi est-ce que tout cela est en train de m'arriver, bon sang ? » Il frappa le volant avec la main, retira le pied de l'accélérateur pour une seconde, puis enfonça la pédale jusqu'au plancher à nouveau. « Pourquoi… moi ? » cria-t-il. « Pourquoi, moi ! »

À cet instant précis, le moment de désespoir de David croisa un pont glacé. Surplombant un ruisseau, le pont n'avait même pas quatre-vingts mètres de long, mais sa couche de glace noire projeta la voiture en train d'accélérer dans un tête-à-queue. David entendit les pneus crisser, tandis que son véhicule heurtait les barrières de sécurité en franchissant le petit pont et il se retrouva de l'autre côté, toujours sur l'autoroute. Il lutta désespérément pour reprendre le contrôle du véhicule, tandis que la voiture faisait des vrilles, zigzaguant d'un côté et de l'autre, pour finalement se retrouver dans le décor.

Bien des gens qui ont été confrontés à une crise soudaine où leur vie était menacée, ont avoué avoir vu alors leur passé se dérouler devant leurs yeux. Ils ont revu leur enfance, leur adolescence et de nombreuses années de vie par la suite passer en une fraction de seconde. Dans un moment pareil, certains ressentent du remords, alors que d'autres vivent un sentiment d'acceptation devant l'inévitable, goûtant une véritable paix intérieure. David Ponder, pour sa part, n'avait que des questions dans son cœur, tandis que sa voiture fonçait inexorablement vers un gigantesque chêne. Avec tout ce qui lui restait de lucidité, David retira les mains de son volant et leva des poings fermés vers le ciel. « Je t'en prie, ô Dieu !, cria-t-il. Pourquoi, moi ? »

Puis… plus rien.

Chapitre trois

« S'IL VOUS PLAÎT, RELEVEZ-VOUS ET ASSEYEZ-VOUS SUR CETTE CHAISE. »

Lentement, David ouvrit les yeux et il vit en face de lui le visage d'un homme qui lui paraissait vaguement familier. C'était un homme d'un certain âge et de petite taille ; ses cheveux courts presque blancs étaient soigneusement coiffés, contrastant avec l'apparence légèrement débraillée de ses vêtements. Les manches de sa chemise à plastron étaient roulées jusqu'au coude, le nœud de sa cravate à rayures rouges et noires avait été desserré autour de son cou. Sur son nez pointu, trônait une paire de lunettes aux verres si épais que ses yeux bleu clair semblaient énormes.

« C'est un moment très inopportun pour moi, dit l'homme. Asseyez-vous ici et tenez-vous tranquille. » Se retournant rapidement, il marcha en direction d'un large bureau sculpté à la main. S'installant derrière, et ramassant une pile de papiers, il grommela : « Comme si je n'avais pas assez de choses qui m'occupent en ce moment. »

Confus, David examina les lieux. Il se trouvait sur un très grand tapis persan, tournant le dos à un mur richement décoré, dans une pièce au plafond très élevé. Directement à sa gauche se trouvait la chaise droite en bois d'acajou que l'homme en train de fouiller dans ses papiers à l'autre bout de la pièce lui avait indiquée. À sa droite, un globe terrestre reposait sur un piédestal devant un foyer qui n'était pas allumé.

Après s'être levé pour prendre position sur la chaise, David dit : « J'ai soif. »

Sans même lever les yeux, l'homme répondit : « Je vais aller vous chercher quelque chose dans un moment. Pour l'instant, taisez-vous. »

« Où suis-je, au juste ? » demanda David.

« Écoutez-moi, bon sang ! » répliqua l'homme en jurant et en laissant tomber lourdement la pile de papiers sur le bureau. Il pointa un doigt en direction de David : « Je vous ai poliment demandé de vous la fermer et je m'attends réellement à ce que vous obtempériez. Vous vous trouvez à Potsdam, en Allemagne, une banlieue de Berlin dans la zone libre contrôlée par l'Armée rouge. Nous sommes le mardi 24 juillet 1945. » Prenant une grande respiration, l'air de se calmer, il se pencha sur son travail à nouveau. Tirant un document de la pile, il dit : « Bon, voilà, asseyez-vous et mijotez cela durant un moment. »

David fronça les sourcils. *Je dois me trouver dans un hôpital,* pensa-t-il. *Ce vieil endroit me semble lugubre. Et si ce type est mon médecin, il ne sait pas comment s'y prendre au chevet de ses patients.* Assis bien droit sans bouger, essayant de rassembler ses idées, David examina l'homme derrière le bureau. *Pourquoi m'a-t-il dit que je me trouvais en Allemagne ?* se demanda-t-il. *Et pourquoi cette allusion à l'Armée rouge ? J'ai dû avoir une blessure à la tête. Est-ce là une sorte d'examen psychiatrique ?*

Il tira sur le col de son sweat-shirt bleu foncé. Incommodé par la chaleur, David aperçut une carafe remplie d'eau et des verres sur une petite table, près de la fenêtre, à l'autre bout de la pièce. Il se leva et marcha lentement en direction de la carafe. Du coin de l'œil, David vit l'homme derrière le bureau lever brièvement les yeux, froncer les sourcils et se remettre au travail.

David se versa tranquillement un verre d'eau et le vida en regardant par la fenêtre. Il devait être, estima-t-il, au deuxième étage de l'édifice ou de la maison où il se trouvait, quel que soit l'endroit en question. En bas, à moins de vingt mètres, il apercevait le bord d'une rivière au courant plutôt lent. Il n'y avait personne se déplaçant en bateau, pas d'enfants en train de jouer – en fait, il ne voyait pas âme qui vive. « Il y a quelque chose qui cloche ici », murmura David, tandis que la brise lui caressait le visage et faisait valser les rideaux à côté de lui.

Tendant le bras à travers la fenêtre ouverte, David fut étonné de constater que l'air était chaud et humide. C'est alors qu'il comprit ce qui le tracassait. C'était l'air ambiant. Cet air était *chaud.* Chaque arbre dans son champ de vision était couvert de feuilles et le gazon dans la cour plus bas était vert. Dans la saison morte d'hiver ?

Déposant son verre sur la table, David appuya les mains sur le rebord de la fenêtre et passa son torse au complet par l'embrasure. Exact, le temps est chaud, constata-t-il, et il ramena son corps à l'intérieur. *Quel est cet endroit, au juste ?* se demanda David. *Et pourquoi les fenêtres sont-elles grandes ouvertes, pour commencer ? Avec une température aussi étouffante, la climatisation devrait fonctionner à plein régime.*

Marchant vers son siège, David essaya de repérer un quelconque thermostat. Il n'en vit pas même un. Le seul appareil pour régler la température était un vieux radiateur que quelqu'un avait placé dans le foyer. *Non pas que ce radiateur pourrait être utile à quoi que ce soit,* pensa-t-il. *Il paraît si vétuste, on dirait qu'il a été fabriqué en...* David s'arrêta tout net. D'une voix douce, il dit tout haut : « ... 1945. »

Se retournant promptement, David se trouva en face de l'homme derrière le bureau. Le gentleman aux cheveux blancs releva la tête et poussa lentement son travail de côté. Un léger sourire était affiché sur ses minces lèvres. Il s'adossa à son fauteuil, croisa les bras et toisa curieusement David.

L'esprit de David filait à une vitesse fulgurante. *Potsdam... Potsdam...*, pensait-il. *Pourquoi ce nom lui semblait-il si familier ?* Puis, en un éclair, la réponse lui vint. Potsdam, en Allemagne, se rappelait-il avoir entendu dans un documentaire à la télévision, était le site où avait eu lieu la fameuse conférence au cours de laquelle la décision fut prise de lâcher la bombe atomique sur le Japon, durant la Seconde Guerre mondiale.

Un frisson d'effroi traversa le corps de David tandis qu'il mettait ses mains sur sa tête. *Réfléchis, réfléchis,* se dit-il à lui-même. *Qui a assisté à cette conférence à Potsdam durant la guerre ? Il y avait Churchill, Staline et...* David avait de la peine à respirer tandis qu'il tâtonnait pour retrouver la chaise derrière lui. S'y laissant tomber lourdement, il dévisagea l'homme qui se trouvait devant lui. « Vous êtes Harry Truman », dit-il d'un air estomaqué.

« C'est exact, dit l'homme, je le suis. Bien que dans le moment présent, je donnerais n'importe quoi pour être à peu près n'importe qui d'autre. »

Avalant sa salive de manière audible, David dit : « Ils parlent de vous en ces termes : "Fais-leur connaître l'enfer Harry", vous savez. »

Truman grimaça. « Pourtant, je ne fais jamais connaître l'enfer à personne, dit-il en renâclant. Je ne fais que leur dire la vérité et ils croient que c'est l'enfer. »

Retirant ses lunettes, il se frotta les yeux et dit : « Il me paraît clair que je n'aurai pas la paix à partir de maintenant, c'est pourquoi nous ferions aussi bien de poursuivre cette conversation. » Remettant ses lunettes en place, il se leva et s'extirpa de derrière son bureau. « En passant, dit-il, pourquoi *pas* vous ? »

« Je vous demande pardon ? » répliqua David.

« Pourquoi... pas... vous ? » Regardant David directement dans les yeux, il prononça chaque mot avec soin, les séparant comme s'il parlait à un enfant. « Je crois que c'est là la réponse à la dernière question que vous avez posée avant que vous n'arriviez ici. »

David fronça les sourcils. Essayant de se rappeler, il dit : « J'ai eu un accident, je crois. »

« Oui, répondit Truman. C'est ainsi que les choses se passent parfois. Et la dernière question que la personne pose alors est souvent : "Pourquoi moi ?" Bien sûr, "Pourquoi moi ?" est une question que des hommes et des femmes d'envergure se sont souvent posée depuis le commencement du monde. Je sais que la même pensée m'a occupé l'esprit plus d'une fois durant les quelques derniers jours. Je n'arrive pas à croire qu'il y a vingt-cinq ans, j'étais un simple commis dans un magasin de vêtements ! » Truman tendit la main à David et le tira de sa chaise. « Quel est ton nom, fiston ? »

« David Ponder. Est-ce que tout va bien pour moi ? »

« Mon cher David Ponder, si tu veux dire : "Suis-je mort ?", la réponse est non. Si tu te demandes simplement si tout va bien pour toi, rigola Truman, je n'en suis pas certain. On ne m'a jamais fourni d'informations sur la manière dont ce genre de chose se termine. »

David se détendit soudain. Souriant, il dit : « Je comprends. Je suis en train de rêver, non ? »

« C'est peut-être le cas, dit le président, mais moi, David, je ne le suis pas. Et même si tu es en train de rêver, ce n'est pas un problème. Durant des siècles, les rêves ont été utilisés pour communiquer des instructions et une direction à des gens de valeur

– des hommes et des femmes au destin fabuleux. Dieu a utilisé des rêves pour préparer Joseph en rapport avec son avenir en tant que leader des nations. Il a confié des stratégies de combat à Gédéon dans un rêve. Jeanne d'Arc, Jacob, George Washington, Marie Curie et l'apôtre Paul ont tous été guidés par des rêves. »

« Mais je suis quelqu'un qui n'a rien d'extraordinaire, répondit David. Je n'ai pas l'envergure des gens que vous avez nommés – la grandeur, je veux dire – et je ne suis certainement pas de la trempe de l'apôtre Paul. Je ne sais même pas si je crois toujours en Dieu, bon sang. »

Truman sourit en posant une main sur l'épaule de David. « Ce n'est pas ce qui compte, fiston, dit-il. Lui croit en toi. »

« Comment pouvez-vous en être si certain ? » demanda David.

« Parce que, répondit Truman, tu ne serais pas ici si ce n'était pas le cas. Occasionnellement, quelqu'un est choisi pour voyager à travers les âges afin d'y trouver une sagesse qui s'avérera utile aux futures générations. C'est comme si le Tout-Puissant descendait lui-même sur terre et mettait sa main sur l'épaule de quelqu'un et, dans le cas qui nous concerne, dit le président en le fixant par-dessus ses lunettes, c'est sur *ton* épaule à toi. »

Un coup sec à la porte attira leur attention. Sans attendre une réponse, un homme plutôt costaud et trapu fit son entrée dans la pièce. C'était Fred Canfil, le garde du corps particulier de Truman. Ayant servi auparavant en tant qu'officier de police fédérale à Kansas City, Fred avait été temporairement affecté aux Services secrets et il s'était mérité la faveur du président et de sa famille. « Je regrette de faire ainsi irruption, monsieur, dit-il en jetant un coup d'œil autour de la pièce. J'ai cru vous entendre discuter avec quelqu'un. »

« Non, Fred, répondit Truman, en regardant dans la direction de David, il n'y a personne ici. » Puis, dirigeant sa main vers la porte, il ajouta : « Je vous en prie, veillez à ce que personne ne me dérange. »

« Bien sûr, Monsieur le président », répondit Canfil, tandis qu'il reculait lentement vers le seuil de la porte, une certaine préoccupation dans les yeux. Faisant un dernier tour de la pièce du regard, il ajouta : « Je dois vous escorter vers la salle de conférence dans une heure, mais si vous avez besoin de moi avant… »

« Vous serez tout près derrière la porte…, dit Truman, tandis qu'il conduisait son ami confondu hors de la pièce, et je n'hésiterai pas à vous appeler, dans ce cas. Merci, Fred. »

Quand le président eut fermé la porte, David demanda : « Il ne pouvait pas me voir ? »

« Apparemment, personne ne le peut, répondit Truman. Personne, il va sans dire, excepté celui à qui vous êtes venu rendre une petite visite. Bien entendu, cela risque de me faire passer pour un type qui a perdu la raison, dit-il, en souriant, le fait d'être ici tout seul à me parler à haute voix. » Son sourire disparut de son visage toutefois quand il ajouta : « Mais personne ne devrait trouver cela étrange. J'ai tant de raisons de me parler à moi-même, avec tout ce qui est en train de se passer ici. » Truman pencha la tête et regarda David du coin de l'œil : « Je trouve curieux que des gens comme toi semblent me tomber dessus à l'improviste dans les périodes critiques de *ma* vie. »

« Vous dites que ce genre de chose vous est arrivé déjà dans le passé ? » demanda David.

« Oui, rétorqua Truman, à trois reprises depuis que je suis président ; vous êtes la troisième personne. C'est arrivé la première fois la nuit où Roosevelt est décédé. J'étais complètement seul dans le bureau ovale et voilà que ce garçon est arrivé de nulle part. Fred a failli défoncer la porte en entrant en trombe –

j'en ai presque eu une crise cardiaque. Je trouvais très étrange que personne ne puisse le voir sauf moi. »

« Le garçon ? »

« Ouais, le garçon. » Truman fit une pause. « J'ai dit *garçon,* mais c'était un adolescent, en réalité. Il avait de la difficulté à décider si oui ou non il allait terminer ses études universitaires. »

David n'en croyait pas ses oreilles. « Cela ne me semble pas un problème suffisamment important pour déranger un président. »

« Pourquoi êtes-vous ici ? » demanda Truman.

« Je n'en sais rien. »

« Eh bien », dit le président, tandis qu'il se déplaçait vers l'autre côté de la pièce, « au moins, le garçon avait une question. » S'appuyant contre le bureau, il fit signe à David de prendre place sur une chaise près du globe terrestre. « De toute manière, on avait mis beaucoup de pression sur lui pour qu'il poursuive ses études. »

« Que lui avez-vous recommandé de faire ? » demanda David.

« Je ne lui ai pas dit de faire quoi que ce soit, répliqua Truman. Ce n'est pas le rôle qui m'avait été attribué dans cette affaire. Je lui ai plutôt offert une perspective différente. Le résultat ultime de la vie de chacun est une question de choix personnel. » Le président continua : « J'étais, apparemment, sa deuxième visite. Il venait de passer une heure en compagnie d'Albert Einstein. »

David, inconfortable, changea de position sur son siège. « Est-ce que *je* dois me rendre ailleurs après ceci ? »

« Oui, mon garçon, dit Truman. À différents endroits, en réalité, mais ne t'en fais pas. Ils attendent ta venue. »

« Alors vous étiez au courant que je viendrais ? »

« J'en fus informé, comme on pourrait s'y attendre – dans un rêve – l'autre soir », affirma Truman. Contournant le bureau, Truman ouvrit le premier tiroir de droite. Il en retira une feuille de papier pliée et la tendit à David en disant : « On m'a demandé de préparer ceci pour toi. C'est la raison d'être de ton passage ici. Il s'agit d'une des Décisions en vue de la Réussite. C'est la première des sept que tu vas recevoir. Tu devras la conserver précieusement et la lire deux fois par jour jusqu'à ce qu'elle soit inscrite dans ton cœur. Car ce n'est qu'en chérissant précieusement ce principe dans ton cœur que tu seras en mesure d'en partager la richesse avec les autres. »

David fit un geste pour déplier la page. « Non, non, dit le président, en posant ses mains sur celles de David. Il ne faut pas la lire maintenant. Tu dois attendre que notre rendez-vous soit terminé. Dès que tu liras ces mots, tu seras immédiatement transporté vers ta prochaine destination. Étonnant, n'est-ce pas ? Tu liras le dernier mot et – bang ! – tu disparaîtras comme par enchantement ! »

David tendit la main et toucha le globe terrestre, le faisant tourner inconsciemment pour qu'apparaissent les États-Unis. « Savez-vous ce qui m'arrivera dans le futur ? » demanda-t-il.

« Non, dit Truman. Je ne peux pas t'aider dans ce domaine. Et je ne le ferais pas même si je le pouvais. Ton avenir sera ce que tu décideras qu'il soit. Par ailleurs, tu es sans doute en mesure de me révéler le mien. » Alors que David ouvrait la bouche, le président leva les mains comme pour se protéger des mots qu'il allait prononcer. « Merci, mais non merci ! Plaise à Dieu, il y a déjà suffisamment d'influences prochaines dont il me faudra tenir compte sans que tu en rajoutes en me révélant ce que j'ai déjà fait ! »

« Vous dites que mon avenir sera ce que j'en aurai décidé, s'aventura David. Je ne suis pas certain d'être d'accord avec vous. Mon présent n'est certainement pas quelque chose dont je suis responsable. J'ai travaillé durant des années, pour me retrouver au bout du compte sans emploi, sans argent et sans perspectives d'avenir. »

« David, nous nous trouvons tous dans des situations que nous avons choisies. Notre pensée définit la voie qui mène pour nous à la réussite ou à l'échec. En refusant d'assumer notre pleine responsabilité face à notre présent, nous éliminons toute possibilité d'un incroyable futur qui aurait pu être nôtre. »

« Je ne comprends pas », dit David.

« Je veux dire, en fait, que les circonstances extérieures ne sont pas responsables de l'endroit où tu te trouves mentalement, physiquement, spirituellement, émotionnellement ou financièrement. Tu as choisi la voie qui menait vers ta présente destination. La responsabilité face à cette situation est tienne. »

David se leva. « Ce n'est pas vrai, cria-t-il, en colère. J'ai accompli un excellent boulot à l'usine. J'aurais pu prendre une retraite anticipée, mais je suis demeuré en poste. Je l'ai fait dans le but d'aider la compagnie à rester à flot et j'ai été viré ensuite. Ce n'était pas… ma… faute ! »

« Assieds-toi », dit doucement Truman. Tirant une chaise pour être en face de David, agité par la colère et la confusion, il dit : « Écoute-moi bien, fiston. Ce n'est pas mon intention de te contrarier ou de te faire de la peine. Mais compte tenu du temps limité que nous avons ensemble, la vérité devrait avoir priorité sur le tact. »

Posant les coudes sur ses genoux, le président se pencha en avant et inspira profondément. « J'aimerais que tu m'écoutes très attentivement. Tu te trouves là où tu es à cause de ta manière de réfléchir. Ta pensée dirige tes décisions. Les décisions sont des choix. Il y a des années, tu as choisi l'université où tu souhaitais poursuivre tes études. Tu as choisi ton programme d'études. Une fois ton diplôme obtenu dans la discipline en question, tu as choisi les compagnies à qui tu as fait parvenir ton curriculum. Après les entrevues d'embauche avec les différentes sociétés qui avaient retenu ta candidature, tu as choisi celle pour laquelle tu voulais travailler. À un quelconque moment durant cette période, tu as choisi d'assister à une soirée, à une pièce de théâtre ou à un match de football. Là, tu as fait la connaissance d'une fille que tu as choisi d'épouser. Ensemble, vous avez choisi de fonder un foyer et d'avoir un enfant.

« Lorsque tu as choisi la maison dans laquelle tu allais vivre avec ta famille et les voitures que tu allais conduire, tu as choisi le montant que tu estimais pouvoir payer chaque mois pour les traites. En décidant de manger du steak ou des hot-dogs, tu as choisi les sommes figurant au budget familial. Et c'est toi qui a choisi de ne pas prendre de retraite anticipée. Tu as choisi de demeurer en poste jusqu'à l'amère conclusion. Il y a des années, tu as commencé à faire les choix qui t'ont mené à ta présente situation. Et tu as arpenté volontairement ce chemin du commencement jusqu'à la fin. »

Truman fit une pause. Il sortit un mouchoir de sa poche pour éponger son front. David avait la tête baissée, le menton appuyé sur sa poitrine. « David, regarde-moi ! » dit le président. Les yeux de David rencontrèrent les siens. « Les mots : *Ce n'est pas ma faute !* ne devraient plus jamais sortir de ta bouche. Les mots : *Ce n'est pas ma faute !* ont été symboliquement gravés sur les pierres tombales des gens qui n'ont pas réussi depuis qu'Ève a pris une bouchée dans le fruit défendu. Tant qu'une personne n'endosse pas l'entière responsabilité pour le fait qu'elle se trouve où elle est, elle n'a aucune base qui lui permette d'aller de l'avant. La mauvaise nouvelle est que le passé s'est trouvé entre tes mains ;

mais la bonne nouvelle est que ton avenir, mon ami, se trouve également entre tes mains. »

Tandis que le président se penchait pour toucher l'homme plus jeune à l'épaule, il fut interrompu par trois coups secs à la porte. « Monsieur le président », dit une voix dans le couloir. C'était celle de Fred Canfil.

« Encore cinq minutes, monsieur. Je vous attendrai ici. Monsieur Churchill et le Russe sont déjà en route pour la salle de conférence. »

« Merci, Fred, dit Truman en rigolant. On dirait que mon garde du corps n'a pas beaucoup d'estime pour monsieur Staline. À bien y penser, je n'en ai pas beaucoup non plus, pour dire la franche vérité. Je garde pour moi-même quelques-uns de mes plans. Toutefois, je suppose que nous n'avons pas d'autre choix que de l'inclure dans le processus. » Il se releva alors, déroula les manches de sa chemise et boutonna ses manchettes.

David aperçut le veston du président accroché au dos du fauteuil derrière le bureau et alla le prendre.

« Qu'allez-vous faire ? » demanda-t-il.

Truman boutonna son collet, redressa sa cravate et regarda David avec inquiétude. « Ne jouons pas de petit jeu, si tu le veux bien, fiston. Je pense que nous savons tous les deux ce que je m'apprête à faire. Est-ce que j'en ai envie ? Est-ce que je veux qu'on largue cette… cette bombe ? Bien sûr que non ! »

Il marcha jusqu'à son bureau et ramassa quelques carnets de notes. Puis, il les déposa tout à coup et se tourna vers David. « Je n'ai aucune idée de ce que tu sais à mon sujet. » Il fit une pause. « Ce que j'essaie de dire, c'est que je ne sais pas ce que les gens diront de moi dans le … ah… » Il agita la main gauche en direction de David, comme pour trouver les mots appropriés.

« Je ne sais pas ce qu'ils disent de moi, là d'où tu viens. Tout ce que je sais, c'est que les livres d'histoire parlent probablement de comment je me sens, de ce que j'ai l'air et du type de scotch que je bois, mais pour le dire franchement, je m'en fous complètement. J'aimerais que quelque chose soit clair entre nous. Je déteste cette arme, d'accord ? Elle me fait peur et je m'inquiète de l'influence qu'elle aura sur l'avenir du monde. »

« Pourquoi avez-vous décidé de l'utiliser, alors ? » David posa la question sans ton accusateur, ni jugement dans la voix. Il voulait simplement comprendre ce qui occupait la pensée de cet homme ordinaire qui avait été placé dans une position hors de l'ordinaire. « Pourquoi avez-vous décidé de lâcher la bombe ? »

Truman respira profondément. « Je suis le premier président depuis l'avènement de la guerre moderne à avoir l'expérience du front. Durant la Première Guerre mondiale, j'aurais donné n'importe quoi, payé n'importe quelle somme pour mettre un terme à la mort et à la souffrance que j'ai vu mes amis endurer. Aujourd'hui, je me trouve assis ici en tant que commandant en chef, ayant la possibilité – ou plutôt la responsabilité – de mettre un terme à cette guerre et de ramener nos gars à la maison.

« Crois-moi, dit-il, en enfilant son veston, j'ai considéré toutes les options. J'ai demandé au général Marshall ce qu'il en coûterait en vies humaines de larguer nos troupes dans la plaine de Tokyo et à d'autres endroits au Japon. Il a estimé qu'une telle invasion coûterait la vie à au moins un quart de million d'Américains. Et on ne parle ici que de l'invasion. Après cela, nous serions littéralement forcés de passer de maison en maison et de prendre le pays par la force. Savais-tu que durant toute la durée de la guerre actuelle, pas un seul bataillon de soldats japonais ne s'est rendu jusqu'à présent, pas même un seul ? »

David observait Truman ; la mâchoire était plutôt résolue mais une énorme lassitude remplissait son visage tandis qu'il plaçait ses documents finaux dans un cartable en cuir. « Oui, dit-il. Il faut que quelqu'un le fasse. Comment un président serait-il capable de regarder les mamans, les fils et les filles de ces soldats américains en face, si après le massacre résultant d'une invasion du Japon, il devenait de notoriété publique que nous avions dans notre arsenal une arme suffisamment puissante pour mettre un terme à la guerre et que nous ne l'avions pas utilisée ? »

Il fixa David durant un moment, le regard absent. C'était comme s'il avait une vision prémonitoire de son propre avenir et qu'elle l'avait terrifié. Secouant la tête pour clarifier ses pensées, il dit : « Tu as toujours la feuille de papier ? »

« Oui, monsieur », dit David, en levant la feuille pliée qui n'avait jamais quitté sa main.

« Eh bien, alors, dit le président en esquissant un sourire, le temps est venu de la lire, mon garçon. » Il marcha jusqu'à la porte, l'entrouvrit et s'apprêtait à en franchir le seuil lorsqu'il s'immobilisa, se retourna et dit : « David ? »

« Monsieur ? » répondit David.

« Bonne chance, fiston. »

« Merci, monsieur » répliqua David.

Truman se tourna pour quitter la pièce, mais il revint sur ses pas pour serrer la main de David. « Une dernière chose, dit-il, en relevant un sourcil. Même si j'ai employé l'expression *bonne chance,* cela ne signifie pas pour autant que la chance ait quelque chose à voir avec l'endroit où tu vas te retrouver. » Après cela, le président des États-Unis referma la porte derrière lui.

Resté seul, David parcourut la pièce du regard. Il marcha lentement jusqu'au bureau et il prit place sur le gros fauteuil en cuir où Truman se trouvait encore, quelques moments auparavant. Délicatement, il déplia le papier et se mit à lire.

LA PREMIÈRE DÉCISION EN VUE DE LA RÉUSSITE

La responsabilité commence ici.

À partir de maintenant, je vais accepter la pleine responsabilité face à mon passé. Je comprends que le commencement de la sagesse est de me considérer le principal responsable de mes difficultés et qu'en acceptant cette responsabilité face à mon passé, je me libérerai des entraves qui m'empêchaient d'espérer un futur meilleur et plus grand, qu'il m'est permis de choisir.

Plus jamais vais-je blâmer mes parents, ma femme, mon patron ou les autres employés pour ma condition présente. Ni l'éducation que j'ai ou que je n'ai pas reçue, ni mes gènes, ni les circonstances fluctuantes du quotidien ne viendront affecter mon avenir d'une manière négative. Si je cherche à mettre le blâme sur ces dynamiques incontrôlables pour justifier mon manque de réussite, je me trouverai alors éternellement captif de l'engrenage du passé. Je vais plutôt regarder vers l'avenir et je ne permettrai pas à mon histoire passée d'exercer un contrôle sur ma destinée.

La responsabilité commence ici. J'accepte ma responsabilité face à mon passé. Je suis pleinement responsable de ma réussite.

Je suis là où je suis aujourd'hui – mentalement, physiquement, spirituellement, émotionnellement et financièrement – à cause des décisions que j'ai prises. Mes décisions ont toujours été dirigées par ma propre pensée. Ainsi, je suis là où je suis aujourd'hui – mentalement, physiquement, spirituellement, émotionnellement et financièrement – à cause de la manière dont je réfléchis. À partir d'aujourd'hui, je vais débuter le processus visant à changer ma situation – là où je me trouve mentalement, physiquement, spirituellement, émotionnellement et financièrement – en changeant ma manière de réfléchir.

Mes pensées seront désormais constructives, jamais destructrices. Ma pensée sera tout entière axée sur les solutions de l'avenir. Je ne vais plus perdre mon temps à ressasser les problèmes du passé. Je vais rechercher la compagnie de ceux qui œuvrent et qui aspirent à apporter des changements positifs dans le monde. Je ne rechercherai jamais la sécurité en m'associant à ceux qui ont choisi de mettre leur confort personnel en priorité.

Lorsque je me trouverai devant une décision à prendre, je la prendrai résolument. Je comprends que Dieu ne m'a pas accordé le pouvoir de toujours prendre la décision juste. Il m'a toutefois confié la capacité de *prendre* une décision, et de faire tout mon possible pour qu'elle *soit la bonne.* Les hauts et les bas de mes marées émotionnelles ne me feront plus dévier de mon chemin. Lorsque je prendrai une décision, j'en assumerai la pleine responsabilité, en y investissant toute mon énergie. Je ne gaspillerai pas de temps à tergiverser. Plutôt que de chercher des excuses, ma vie sera faite d'affirmations décisives.

La responsabilité commence ici. J'exerce une véritable maîtrise sur mes pensées, ainsi que sur mes émotions.

Dans l'avenir, lorsque je serai tenté de poser la question : « Pourquoi, moi ? », je réagirai immédiatement en répondant : « Pourquoi *pas* moi ? » Les défis sont des cadeaux, des occasions d'apprendre. Les difficultés ont abondé dans la vie des hommes et des femmes qui ont atteint la grandeur. Aux jours de l'adversité, je ne serai pas vraiment confronté à un problème à résoudre, mais plutôt à un choix à faire. Mes pensées seront claires. Je ferai le bon choix. L'adversité prépare l'homme à atteindre éventuellement des sommets. Pourquoi, moi ? Pourquoi *pas* moi ? Je vais me préparer pour quelque chose de grand !

J'accepte ma responsabilité face à mon passé. J'ai la maîtrise de mes pensées. J'ai la maîtrise de mes émotions. Je suis responsable de ma propre réussite.

La responsabilité commence ici.

Chapitre quatre

UNE FOIS QUE DAVID EUT LU LES DERNIERS MOTS SUR LA PAGE, il leva les yeux. La pièce dans laquelle il se trouvait se mit à tourner et semblait se transformer, chaque extrémité devenant plus basse que le centre. Le bureau, qui s'était trouvé devant lui sembla s'étirer et se courber. Se levant alors, il repoussa la chaise et se dirigea vers la fenêtre. Il ne l'atteignit jamais. Il se sentit pris de vertige tout à coup, ses genoux cédant sous le poids de son corps, un mouvement vers l'avant l'amenant à s'écrouler, face première, sur le plancher. Tendant les bras pour amortir sa chute, David ne fut cependant pas étonné de constater que ses mains étaient passées au travers du tapis persan, comme si de rien n'était. Sa tête, son corps et ses jambes ont alors suivi pour se retrouver dans la noirceur.

Presque instantanément, comme s'il était tombé à travers le plancher dans une pièce en dessous, David se retrouva sur ses pieds, alerte et indemne. Il se tenait dans une immense salle qui devait avoir plus de trente mètres de longueur, quinze mètres de large, et dont le plafond se trouvait à près de quinze mètres de hauteur. Il se trouvait pris au milieu d'un groupe de gens qui se bousculaient pour garder leur place dans l'espoir de ne rien manquer de ce qui était en train de se produire devant. Il remarqua que les hommes étaient torse nu et leur peau, burinée par le soleil. Les femmes portaient des robes aux couleurs chatoyantes et leur chevelure, tissée en nattes et enroulée derrière leur dos paraissait extrêmement longue.

Bougeant avec la foule, David prenait de longues respirations. L'air ambiant avait une forte odeur de cèdre. Il s'étonna de constater que les murs et les énormes colonnes supportant le toit avaient été entièrement fabriqués avec ce bois odorant. Le sol était encastré de dalles massives de marbre gris aux tons tirant légèrement sur le violet.

Sans crier gare, on tapa sur un gong. Le son était assourdissant. Les hommes et les femmes qui entouraient David cessèrent de parler et se jetèrent sur leurs genoux, baissant la tête. David, trop assommé pour faire rien d'autre que de se tenir là, eut alors un clair aperçu de la pièce dans laquelle il se trouvait.

Directement devant lui s'élevaient six marches. De chaque côté des marches, il aperçut un lion sculpté dans du marbre foncé, chacun étant un véritable chef-d'œuvre. Les lions paraissaient insignifiants cependant comparativement à ce qu'il vit en haut des marches. Au milieu d'un piédestal de granite se trouvait un trône d'ivoire, orné d'or pur. Le dos de ce siège hors du commun était arrondi à son extrémité supérieure et joint à des accoudoirs de chaque côté. Deux autres lions, en or massif cette fois, montaient la garde, silencieux, de chaque côté du trône.

Le gong retentit de nouveau. Alors, un homme près du trône marcha rapidement vers un rideau, derrière, pour en ouvrir un des pans. Apparaissant dans l'ouverture, l'être humain le plus rayonnant que David ait jamais vu fit son entrée. Il portait une robe de couleur turquoise éclatante. Des rubis et des pierres précieuses de toutes sortes ornaient les ourlets et les manches de son vêtement. Des bracelets et un collier d'or massif entouraient ses bras et son cou. La couronne sur sa tête, également d'or le plus pur, était sertie de petits diamants. David, bouche bée, était la seule personne dans la pièce qui se tenait encore debout, dévisageant sans gêne le personnage fabuleux qui se trouvait devant lui.

L'homme était plutôt costaud. Chaussé de sandales, il semblait être légèrement plus grand que David. Sa chevelure épaisse et foncée lui descendait aux épaules ; elle était séparée au milieu et maintenue en place par la lourde couronne. Contournant alors le trône pour s'y asseoir, il dit simplement : « Commençons. »

Chacun dans la foule se remit alors debout sur-le-champ et le désordre reprit de plus belle devant le trône. Jouant du coude pour trouver un meilleur poste d'observation, David entendit les voix de deux femmes apparemment en colère.

« Il est à moi ! » cria l'une d'elles.

« Non, non, répondit l'autre. Tu es une voleuse ! »

David se faufila en avant tandis que la foule commençait à se montrer indisciplinée, prenant parti pour l'une ou l'autre des femmes et lançant des insultes.

« Silence », dit l'homme assis sur le trône avec autorité. Plus personne n'osa prononcer un seul mot.

David s'avança jusqu'au bord des marches. Il pouvait voir parfaitement bien les deux femmes et le trône les surplombant. Jusqu'ici, personne n'avait remarqué sa présence. Il se sentait parfaitement invisible. Apercevant les femmes plus clairement maintenant, David se rendit compte que l'une d'elles portait un enfant dans ses bras.

Tous les regards dans la salle étaient tournés vers le trône. David eut l'impression qu'il était le seul à respirer. D'un geste de la main, l'homme fit alors signe à la seconde femme – celle qui se tenait seule – et il lui dit avec douceur : « Raconte-moi ton histoire. »

La femme se prosterna et elle dit : « Votre Majesté, nous habitons, cette femme et moi, dans la même maison. Il n'y a pas si longtemps, j'ai accouché de mon bébé chez moi. Trois jours plus tard, son bébé à elle est né, lui aussi. Il n'y avait personne avec nous. La nuit dernière, tandis que nous étions tous endormis, elle s'est tournée dans son lit et a écrasé son bébé par inadvertance. L'enfant est mort. Après, tandis que je dormais, elle s'est levée, a pris mon fils qui était dans mon lit et elle l'a déposé dans le sien. Elle a ensuite déposé son bébé mort à côté de moi. »

On entendit un murmure dans la foule avant qu'elle poursuive. « Au matin, lorsque je me suis levée pour nourrir mon fils, j'ai constaté qu'il était mort. Je l'ai alors examiné attentivement à la lumière du jour et j'ai bien vu qu'il ne s'agissait pas de mon fils. »

« Ce n'est pas vrai, cria l'autre femme. C'était bien ton fils. Mon enfant est vivant ! »

« Le bébé mort est le tien, cria en retour la femme qui racontait son histoire. Tu tiens mon fils dans tes bras. Mon bébé est vivant. »

David observait les femmes se disputer jusqu'à ce que le roi lève la main pour leur indiquer de se taire. Après avoir fixé attentivement chacune d'elles dans les yeux durant un moment, il dit d'une voix calme à un de ses aides : « Qu'on m'apporte une épée. »

David était pétrifié quand on apporta, de derrière les rideaux, une épée au roi. Elle avait près de deux mètres de longueur, avec une lame en argent étincelant et la poignée en or. Des émeraudes décoraient la partie inférieure de la hampe. Le roi la saisit, se leva et il dit : « Donnez-moi le bébé. Je vais couper l'enfant en deux. De cette manière, chacune de vous aura une part égale du garçon. » Il leva l'épée, faisant mine de porter un coup. »

« Je vous en prie, ne tuez pas mon fils ! cria la femme qui se tenait seule. Votre majesté, donnez-le-lui. Ne le tuez pas, je vous en supplie. »

« D'accord, coupez-le en deux, dit férocement l'autre femme, en tendant l'enfant en direction du roi. De cette manière, aucune de nous n'aura ce bébé. »

Le roi dit avec douceur : « Je ne ferai aucun mal à cet enfant. Je n'en ai jamais eu l'intention. » Il montra du doigt la femme qui était sur ses genoux en train de pleurer. « Donnez-lui l'enfant, dit-il. Elle est sa véritable mère. »

Les larmes d'angoisse se changèrent en larmes de joie quand le bébé fut placé dans ses bras, aux grandes acclamations de la foule. David criait et applaudissait avec les autres. Lorsque le roi se leva de son trône, les gens tombèrent à genoux une fois de plus, laissant David debout. Tandis que le roi se déplaçait derrière le trône en direction du rideau, il s'arrêta un moment, se retourna et jeta un coup d'œil en direction de David comme pour dire : « Tu viens ? »

David comprit le message et s'empressa de gravir les marches et de suivre le roi derrière le trône. Franchissant les rideaux, il se retrouva dans une pièce plus petite, mais encore plus fabuleuse. Des boucliers d'or massif croisés de lances en argent étaient alignés le long des murs. Des coussins de lin et de cuir tanné étaient élégamment disposés dans un coin près d'une table basse recouverte d'aliments de toutes sortes. La lumière pénétrait dans la pièce au travers de longues fenêtres enjolivées d'ivoire et d'or pur.

David s'avança jusqu'au milieu de la chambre. Les deux gardes qui se tenaient près de la porte ne l'avaient pas vu, mais le roi, qui discutait avec un autre homme près de la table, aperçut David et termina sa conversation : « C'est comme vous voulez, Ahishar, David l'entendit-il dire. Je suis persuadé qu'en tant que premier ministre, vous prendrez la décision la plus judicieuse. » Il se déplaça pour s'allonger sur les coussins près de la table. « Je vous prie de me laisser seul et de demander à tous les serviteurs de quitter la pièce. »

L'homme du nom d'Ahishar parut surpris. « Mais, Votre Majesté, rétorqua-t-il, ce n'est pas sécuritaire de… »

« J'aimerais être seul, l'interrompit le roi. Merci de vous préoccuper de ma sécurité, mais en ce moment, ce n'est pas nécessaire. Laissez-moi, je vous prie, Ahishar. » Baissant alors la tête, le premier ministre sortit et fit signe aux préposés de le suivre.

Enfin seuls, David et le roi se regardaient l'un et l'autre avec étonnement. Le roi fut le premier à parler. « Sais-tu où tu es ? » demanda-t-il avec un sourire.

« Oui, monsieur », répondit David avec hésitation.

« Sais-tu qui je suis ? »

« Oui, monsieur, je le sais. » Cette fois, David répondit à la question avec un peu plus d'aplomb. « Vous êtes le roi Salomon, monsieur. J'ai reconnu l'histoire. » Salomon fronça les sourcils. « Je veux dire que j'ai reconnu ce qui s'est passé tout à l'heure. » David indiqua le rideau avec sa main. « Ce que je veux dire, en fait, est que je me rappelle de cette histoire parce qu'elle m'a été racontée lorsque j'étais enfant. »

Salomon sourit, amusé par l'état de confusion de David. « Cela n'a pas d'importance, ajouta-t-il. As-tu faim ? »

« Oui, monsieur », répliqua David.

« Alors, je t'en prie, viens me rejoindre. » Salomon pointa l'index vers un coussin particulièrement gigantesque sur lequel David s'assit promptement. « Tu vois devant toi des mets qui comptent parmi les plus raffinés au monde. Ces plats, de même que tout ce dont tu pourrais avoir besoin, sont à ta disposition. Tu n'as qu'à demander. »

« Je vous remercie, dit David, en prenant un fruit. En passant, mon nom est David Ponder. »

« Deux noms, nota Salomon avec intérêt. Incidemment, tu t'exprimes très bien dans ma langue maternelle. As-tu fait tes études en hébreu ? Ou peut-être cette habileté soudaine t'étonne-t-elle, elle aussi ?

« En fait, dit David, en ouvrant une grenade, j'ai été estomaqué de constater que je comprenais chaque mot prononcé lorsque je suis arrivé. Je suis encore plus étonné maintenant d'avoir le privilège de discuter un moment avec vous. Je ne suis jamais parvenu à maîtriser l'espagnol et voilà que je m'exprime sans difficulté dans une langue ancienne. »

Salomon rigolait. « Le dialecte n'est pas si ancien pour moi, mon ami, mais je comprends bien ton étonnement. Quel que soit l'endroit où tu te retrouveras lors de ce périple inhabituel, tu découvriras que ta bouche et tes oreilles ont reçu la capacité toute spéciale de communiquer et de comprendre. Cette compétence exceptionnelle dans l'usage d'autres langues est, bien sûr, essentielle à ta compréhension et à la mise en pratique du cadeau qui te sera offert. »

« Un cadeau ? » s'enquit David.

« Les rouleaux, répondit Salomon. J'ai préparé celui-ci spécialement pour toi ce matin. » Il posa délicatement la main sur un mince parchemin de cuir qui avait été enroulé avec soin autour d'une menue tige de bois. « C'est le message qui a été déposé dans mon cœur pour toi. Ce n'est là qu'une partie de ce qui doit prendre racine dans ta vie avant que tu ne sois en mesure de passer le don à d'autres. »

« Comment suis-je censé passer ce... don à quiconque ? » demanda David, en secouant la tête.

Le roi sourit légèrement en prenant des raisins. Il en tira un de la grappe et le déposa dans sa bouche avant de répondre pensivement : « C'est là quelque chose que tu risques de ne pas être en mesure de savoir pour un certain temps encore. Quoique la réponse pourrait t'être révélée aussi demain. Jéhovah déplace des montagnes pour créer les opportunités qu'il désire. C'est ta responsabilité de te montrer prêt à bouger toi-même. »

David se pencha en avant. « Je crois que je comprends ce que vous êtes en train de dire. Vous voulez dire que je dois me préparer pour tout ce qui m'est réservé ? » Salomon acquiesça lentement. « Alors, j'ai une question, dit David, un brin sarcastique. Comment puis-je me préparer pour quelque chose, quand je ne sais pas a) de quoi il s'agit, et b) quand cette chose se produira ? » Salomon demeura silencieux. « Monsieur », ajouta David, en haussant la voix. Il commençait à être exaspéré. « Comprenez, renchérit-il, je suis sérieux. Comment puis-je me préparer quand l'avenir est si incertain ? »

« Cherche la sagesse », répondit simplement le roi.

David était tout près de perdre son calme. « Sans doute ne suis-je pas assez futé, dit-il, mais je ne saisis pas. Bon, d'accord. Dites-moi, comment suis-je censé chercher la sagesse ? »

« La réponse que j'ai à t'offrir ne risque pas de calmer ton irritation à mon égard », répondit le roi. Il fit une pause : « Mon conseil est que tu cherches la sagesse. »

David demeura bouche bée. Il secouait la tête et allait parler lorsque Salomon l'interrompit.

« David, dit-il, tu souffres d'une maladie qui est commune à la plupart des gens. Tu entends, mais tu n'écoutes pas.

« Cherche la sagesse, *cherche* la sagesse. La sagesse attend qu'on la cueille. Elle ne peut être obtenue en échange d'un bien quelconque et ne saurait être vendue. Elle est un don offert à ceux qui font preuve de diligence. Et seuls ces derniers la trouvent. L'homme paresseux – l'homme stupide – ne se préoccupe même pas de la chercher. Bien que la sagesse soit accessible à plusieurs, elle n'est trouvée que par un petit nombre d'individus. Recherche la sagesse. Trouve-la et tu trouveras le succès et le contentement. »

« Ouais, dit David. En fait, une chose est sûre : je ne goûte ni le succès ni le contentement dans ma vie en ce moment. »

« Tout cela fait maintenant partie du passé, nota Salomon. Le présent se transforme continuellement en passé – maintenant… et maintenant… et maintenant. » Il claqua des doigts en disant cela. « Le passé ne changera jamais, mais tu peux changer ton avenir en changeant ta manière d'agir aujourd'hui. C'est un processus très simple en réalité. Nous sommes continuellement dans un processus de transformation en tant qu'humains. Ainsi, aussi bien en profiter pour donner une orientation à la manière dont nous allons nous transformer. »

« Comment puis-je donner une telle orientation ? » répliqua David.

Salomon se leva et se mit à faire les cent pas dans la pièce. Les mains derrière le dos, il demanda : « As-tu des enfants ? »

« Oui, répondit David, j'ai une fille de douze ans. »

Le roi dit : « Te préoccupes-tu des enfants avec lesquels ta fille a l'habitude de s'amuser ? »

« Oui, dit David. Bien sûr. »

Salomon se retourna rapidement pour dire :« Tu as ajouté : *Bien sûr.* Pourquoi donc ? »

David fronça les sourcils. Il se demandait où le roi voulait en venir. « Eh bien, commença-t-il, je dis *bien sûr* parce que les copines de ma fille ont tellement d'influence sur elle. Je veux dire, d'une bonne et d'une mauvaise manière. Nous avons constaté que lorsqu'elle fréquente des enfants qui sont bons et respectueux, il est rare que nous ayons des problèmes avec son comportement. Mais à l'occasion, elle a tendance à se mêler au mauvais groupe de jeunes à l'école et nous devons alors en subir les conséquences, sa mère et moi. »

« Conséquences ? » demanda Salomon.

« Son langage, son attitude, la manière dont elle s'habille, comment elle nous répond. » David cherchait la bonne manière de le dire. « Tout ce qu'elle fait à son âge semble influencé par quelqu'un d'autre. »

« Comment faire pour donner une orientation à la manière dont ta fille change ? » demanda Salomon.

« En gardant un œil sur le type d'amis qu'elle fréquente », dit David.

« Parfaitement, dit le roi, enthousiaste. Et à quel âge ne sommes-nous plus affectés par ceux qui nous entourent ? Dix-huit ans ? Vingt et un ans ? Trente ans ? La réponse, évidemment, est que nous serons toujours influencés par ceux avec qui nous nous associons. Si un homme apprécie la compagnie de ceux qui jurent et se plaignent sans cesse, il constatera bientôt que les jurons et les plaintes continuelles couleront comme une rivière de sa bouche. S'il passe ses journées avec les paresseux – qui vivent aux crochets d'autrui –, il sera bientôt acculé au chaos, côté financier. Nombre de nos peines sont le résultat direct de relations que nous entretenons avec de mauvaises personnes. »

David se leva, lui aussi. S'essuyant les mains sur ses jeans, il répliqua : « Alors, cela est une étape importante dans la recherche de la sagesse ? »

« C'est probablement le pas *le plus* important dans ce sens, répondit Salomon. Veille soigneusement sur les relations que tu cultives, David. Chaque fois que tu tolères la médiocrité dans le choix de tes compagnons, tu deviens plus tolérant face à la médiocrité dans ta propre vie. Si fréquenter un paresseux ne t'irrite pas, c'est le signe que tu as accepté l'indolence comme style de vie. Tu as remarqué Ahishar lorsque tu es entré, n'est-il pas vrai ? »

« Oui, confirma David. Je pense que vous avez mentionné qu'il était premier ministre ? »

« C'est exact, reconnut le roi. Tu n'as pas fait la connaissance de Tsadok, Azaria et Abiatar, toutefois. Ce sont les prêtres à mon service. Elihoreph et Ahijah sont les serviteurs affectés à ma personne. Jehoshaphat est responsable des archives du gouvernement et Benajah est le commandant de mon armée. Ce sont tous là des hommes sages et énergiques qui font partie de mon conseil privé. S'il est important pour un roi de s'entourer d'amis de qualité, ça doit l'être sans doute pour toi aussi. »

David se dirigea vers l'un des boucliers d'or accrochés sur le mur et le toucha, l'esprit ailleurs. « Vous êtes l'homme le plus sage qui ait jamais existé, dit-il, et à l'évidence, le plus riche aussi. Pourtant, vous dites que vous demandez conseil aux hommes que vous avez mentionnés. Pour quelle raison ? »

Salomon sourit, patient. « Seul un insensé refuse le conseil d'hommes sages. Il est très prudent de demander conseil. Une réponse avisée est une fontaine vivifiante qui t'aidera à échapper à des pièges mortels de toutes sortes. Trouve un homme sage, une personne qui a réussi dans ce que tu aspires à vivre un jour et prête bien attention à ses paroles. » Salomon se dirigea vers la table et ramassa le petit rouleau. Le plaçant dans un pli de son vêtement, il fit signe à David : « Suis-moi », lui dit-il.

En sortant de la chambre intérieure, Salomon tint le rideau pour permettre à David de passer. David passa sous le bras de

Salomon et lui dit : « C'est plutôt moi qui devrais tenir le rideau pour vous. Après tout, vous êtes le roi ! »

Salomon s'esclaffa. « Je te remercie, mais j'apprécie l'occasion qui m'est donnée de *te* servir. Quand un roi commence à se conduire comme un roi, peu de temps s'écoule, en général, avant qu'il soit remplacé par un autre ! Servir est une manière de souligner la valeur des autres. Un homme sage est un serviteur. »

Alors qu'ils avançaient dans le grand hall, David montra du doigt le trône et dit : « M'est-il permis de le toucher ? »

« Certainement, répliqua Salomon. Tu peux aussi t'y asseoir, si tu le désires. Ce n'est qu'un fauteuil, après tout. »

David plaça ses mains sur le trône, paumes vers le bas. Caressant doucement le siège et les appuie-bras de ses doigts, il était en admiration devant l'ouvrage d'ivoire ciselé d'or. Il se tourna et prit place sur le trône. D'un air penaud, il dit en souriant : « Je me sens si petit, assis à cet endroit. »

« Sans doute autant que moi », rigola Salomon. Puis, il ajouta, la mine plus sérieuse : « La responsabilité qui vient avec le privilège de diriger nous rend souvent humbles. Lorsque je suis assis là où tu te trouves en ce moment, je suis reconnaissant pour les leçons de mon père. Comme tu le sais sans doute, il portait aussi le nom de David. Il a été non seulement le roi qui m'a précédé, mais mon mentor aussi. » Salomon jeta un coup d'œil dans le hall maintenant vide, comme perdu dans ses pensées. Continuant, il dit : « Mon père est mort maintenant depuis des années, mais les choses fondamentales qu'il m'a apprises me servent toujours de guide. »

Salomon retira le rouleau de son vêtement et déroula le parchemin qui était enroulé autour du bâtonnet. En tendant les mots précieux à David, il lui dit : « Le temps est venu pour nous de nous séparer, mon ami. Peut-être que ce moment passé ensemble t'apportera une meilleure compréhension de ton parcours de vie. Je ne peux rien faire pour atténuer tes luttes et je ne le ferais pas si j'en avais le pouvoir. Ce n'est jamais la tâche d'un leader de lutter à la place d'autrui ; il doit encourager plutôt les autres à persévérer dans la bataille et les assurer du fait que le combat en vaut la peine. Assure-toi de relever les défis qui t'incombent dans le présent, car c'est ainsi que tu pourras t'assurer des récompenses que te réserve l'avenir. »

« Je vous remercie, Votre Majesté », répondit David.

« Bien sûr », répliqua Salomon. Il sourit et baissa légèrement la tête : « Ce fut un honneur de te venir en aide. Adieu, donc. » Avec ces derniers mots, le roi descendit les marches et avança jusqu'au milieu du vaste hall. En approchant de la porte qui se trouvait à l'autre extrémité, il tapa deux fois dans ses mains. Des serviteurs apparurent aussitôt pour entourer le roi tandis qu'il quittait l'édifice.

Maintenant seul, David se leva et jeta un dernier coup d'œil au magnifique endroit. Lentement, il se rassit sur le trône du roi Salomon et plaça soigneusement les paroles du roi sur ses genoux.

La deuxième décision en vue de la réussite

Je vais rechercher la sagesse.

Sachant que la sagesse n'attend qu'à être cueillie, je vais activement me mettre à sa recherche. Mon passé ne pourra jamais être changé, mais je peux changer mon avenir en changeant ma manière d'agir dès aujourd'hui. Je *vais* changer mon comportement aujourd'hui. Je vais entraîner mes yeux et mes oreilles à lire des livres et à écouter des enseignements qui amèneront des changements positifs dans mes relations interpersonnelles et m'aideront à mieux comprendre mon prochain. Plus jamais vais-je bombarder ma pensée de choses qui alimentent mes doutes et mes peurs. Je lirai et écouterai uniquement ce qui fortifie ma confiance en moi-même et en mon avenir.

Je vais rechercher la sagesse. Je vais choisir mes amis avec soin.

Je suis ce que sont mes amis. Je parle leur langage et je porte leurs vêtements. Je partage leurs opinions et leurs habitudes. À partir de maintenant, je vais choisir de m'associer avec des gens dont j'admire la vie et le mode de vie. Si je m'associe avec des poulets, je risque de gratter le sol et de me battre pour des miettes. Si je m'associe à des aigles, je vais apprendre à planer tout là-haut. Je suis un aigle. Ma destinée est de voler.

Je vais rechercher la sagesse. Je vais prêter attention aux conseils des hommes sages.

Les paroles d'un sage sont comme des gouttes de pluie sur un sol desséché. Elles sont précieuses et elles peuvent être mises à profit sur-le-champ en vue de résultats concrets. Seul le brin d'herbe qui capte la goutte de pluie prospérera et croîtra. La personne qui ne tient pas compte du conseil d'un sage est comme un brin d'herbe qui n'est pas atteint par la goutte de pluie – il se flétrira bientôt et mourra. Lorsque je ne me fie qu'à ma propre sagesse, il ne m'est possible de prendre des décisions qu'à partir de ce que je sais déjà. En demandant conseil à un homme avisé, j'ajoute son savoir et son expérience aux miens et je peux ainsi augmenter de manière extraordinaire mes chances de réussite.

Je vais rechercher la sagesse. Je vais me faire le serviteur des autres.

Un homme sage cultive un esprit de service, car ce trait de caractère attire les autres plus que toute autre chose. Tandis que je sers humblement les autres, leur sagesse me sera alors librement offerte. Souvent, la personne qui cultive une attitude de service devient riche au-delà de toute mesure. Nombre de fois, un serviteur est écouté par le roi et un humble serviteur devient souvent un roi, car c'est lui que les gens vont choisir d'emblée. Celui qui sert le plus connaîtra la croissance la plus rapide.

Je vais devenir l'humble serviteur d'autrui. Je ne chercherai pas à ce que quelqu'un m'ouvre la porte – je vais plutôt chercher quelqu'un devant qui l'ouvrir. Je ne serai pas troublé lorsque personne ne sera prêt à m'aider – je serai plutôt enthousiaste à l'idée de pouvoir aider autrui.

Je vais me faire le serviteur des autres. Je vais prêter attention aux conseils des hommes sages. Je vais choisir mes amis avec soin.

Je vais rechercher la sagesse.

Chapitre cinq

JE VAIS RECHERCHER LA SAGESSE – LES DERNIERS MOTS. Cette fois, David était prêt. Dans l'anticipation du vertige qu'il avait ressenti auparavant, il ferma les yeux et se raidit le corps tout entier. David pouvait sentir le cuir du parchemin dans sa main gauche, tandis qu'il s'agrippait aux appuis-bras du trône. Il les tenait solidement comme si sa vie en dépendait. Durant un moment, rien ne se passa. À l'instant même où David s'apprêtait à relâcher son emprise, il ouvrit les yeux et aperçut ses doigts qui passaient à travers l'ivoire comme si le trône n'était plus qu'une vapeur dans l'air. Le rouleau était toujours en sa possession et les mains de David, si fermement posées sur l'objet solide à peine quelques secondes auparavant, se replièrent par simple réflexe pour former un poing quand le trône eut disparu.

L'instant d'après, David s'aperçut qu'il se tenait debout au milieu d'un vacarme tel qu'il n'en avait jamais connu de pareil au cours de sa vie. Sa première pensée, en s'efforçant de reprendre ses esprits, fut *le tonnerre,* et il leva les yeux vers le ciel. Mais une main le heurta brutalement à la poitrine et le saisit par sa chemise pour le tirer violemment au sol. « Baisse-toi, mec ! » lui dit le propriétaire de la main, en enfonçant le visage de David dans le sol. « Je ne sais pas si tu peux être atteint, mais ne prenons aucune chance, d'accord ? »

David tourna la tête en panique vers l'homme qui l'avait projeté par terre. Plus ou moins au milieu de la trentaine, le type avait les cheveux brun foncé et une longue moustache touffue. Il portait des pantalons bleu foncé avec une bande jaune délavé sur le côté, ainsi qu'une chemise d'une couleur indéterminée. Les vêtements, tout comme leur propriétaire, semblaient ne pas avoir été lavés depuis un mois. L'homme était plutôt mince et probablement grand. C'était difficile à dire parce qu'il était étendu sur le sol, un vieux fusil à la main et faisant feu au-dessus d'un tas de pierres. Le bruit que David avait cru être le tonnerre, quelques secondes auparavant, provenait plutôt d'un canon.

Les balles ricochaient sur les rochers comme un essaim d'abeilles en colère. Tout autour de lui, David n'entendait que des cris de colère et de douleur. Un homme était assis, appuyé sur un arbre à moins de trois mètres de lui, en agonie à cause d'une blessure fatale à l'estomac, tandis qu'un autre, dont la jambe droite avait été déchiquetée au-dessous du genou, se traînait lentement vers un proche déjà mort. Les boulets de canon qui n'atteignaient pas leur cible humaine frappaient les arbres environnants, coupant les troncs de la grosseur des soldats sur qui ils tombaient.

Le vacarme était tel que David devait crier pour se faire entendre. Mais ce n'était pas un problème. En fait, à ce moment – cela lui semblait la chose la plus naturelle du monde – il était tout simplement terrifié ! David saisit l'épaule de l'homme et il lui cria : « Qui êtes-vous ? »

L'homme avait tourné le dos aux rochers et il rechargeait son arme à partir du canon. « Chamberlain ! cria-t-il. Je suis Chamberlain du Vingtième Maine ! » Il se retourna pour faire feu à nouveau.

Encore une fois l'homme dénommé Chamberlain se tourna pour recharger. Il était inconfortablement étendu sur le côté, retenant le papier d'une cartouche entre les dents pour l'enfoncer dans le canon à l'aide d'une tige métallique. « Que se passe-t-il ? vocifêra David. Où sommes-nous ? » Il n'avait jamais été aussi effrayé de sa vie.

« Reste couché ! cria Chamberlain en guise de réponse. Pas le temps maintenant. Nous parlerons plus tard – du moins je l'espère. »

David posa un regard anxieux tout autour. Il vit que les grosses pierres derrière lesquelles ils étaient accroupis avaient été jetées là pour constituer un mur de protection qui s'étendait sur plus de cinquante mètres à sa droite et cinquante mètres à sa gauche. Ils se trouvaient presque au sommet d'une colline boisée plutôt escarpée descendant abruptement devant eux. Chamberlain continua de faire feu en direction du bas de la colline, de recharger et de crier des encouragements aux hommes qui l'entouraient.

Juste au-delà de Chamberlain, David vit un homme être projeté à la renverse, son sang giclant d'une blessure au cou. Il se retrouva sur ses mains et ses genoux. Secouant lentement la tête, il se traîna en direction de David. Il parvint à atteindre le mur, le franchit en se glissant sur le dos et tandis que son bras retombait sur la jambe de David, l'homme leva les yeux, lui sourit et il mourut. Plongeant son regard dans les yeux de celui qui ne voyait plus, David fut horrifié de constater que le soldat était un garçon qui ne devait pas avoir plus de quinze ans.

Incertain du moment exact où les coups de feu avaient cessé, il était demeuré blotti contre les pierres, fixant le visage du jeune combattant décédé, jusqu'à ce que la main de Chamberlain le tire de sa léthargie. L'homme posa tendrement la main sur les yeux du garçon pour les fermer et il dit : « Neilson. C'était un garçon qui avait du cœur au ventre. » Il fit un geste en direction d'un homme, décédé, lui aussi, de toute évidence, et étendu sur le mur de pierres à moins de dix mètres. « C'est son père. Il était caissier dans une banque à Bangor. Les deux se sont enrôlés lorsque le régiment a été formé, l'automne dernier. Nous étions un millier à cette époque. Les trois cents qui restent sont disséminés le long de ce tas de pierres. »

Chamberlain se releva et tendit la main à David. L'aidant à se mettre debout, il dit : « Je suis le colonel Chamberlain. Joshua Lawrence Chamberlain. Je sais pourquoi vous êtes ici, mais je ne connais pas votre nom. »

« Je m'appelle David Ponder, monsieur. Courons-nous un risque en demeurant debout comme nous le faisons en ce moment ? »

« Pour l'instant, non, rétorqua Chamberlain en extirpant un brin de paille de sa moustache. Mais ils ne manqueront pas de revenir à l'assaut. C'est la quatrième fois déjà qu'ils lancent les hostilités contre nous. »

« Si ce n'est pas trop vous demander, balbutia David, de *qui* parlez-vous, au juste ? »

Le colonel pencha la tête et fronça les sourcils. « Mais des gars de Lee, bon sang… de l'armée de la Virginie du Nord. Nous avons certainement la moitié des effectifs de guerre des Confédérés rassemblés contre nous sur une longue ligne de front qui s'étend jusqu'à une petite ville à environ un kilomètre et demi dans cette direction. » Chamberlain pointa son fusil vers cet endroit.

« Et quel est le nom de la ville ? » demanda David.

« Gettysburg, répondit Chamberlain. Ce nom vous est-il familier ? »

David acquiesça d'un hochement de tête tandis qu'il sentait son estomac se nouer. « La Guerre civile américaine », murmura-t-il.

« Quoi ? » demanda Chamberlain ?

« J'ai dit que c'était la Guerre civile américaine. »

« Ah bon, grogna Chamberlain. Peut-être est-ce ainsi que *vous* la nommez, mais restez pour un moment et vous serez à même de constater qu'elle n'a rien de civil. Venez avec moi, dit-il, en se mettant à marcher. Il ne nous reste pas beaucoup de temps avant qu'ils ne reviennent à la charge. »

« Joshua ! » Les deux hommes se retournèrent en entendant le cri. « Joshua ! »

C'étaient Tom et John Chamberlain, les jeunes frères du colonel. Tom était lieutenant dans le régiment, tandis que John, un jeune homme plutôt musclé, avait été contraint de s'enrôler en tant que médecin. Les deux étaient presque aussi grands que le colonel et ils portaient moustaches et favoris leur couvrant presque tout le visage. Ils faisaient preuve d'une jovialité dont leur frère aîné semblait avoir été dépouillé depuis des lunes. « Tu es un peu plus souillé que d'habitude, Joshua, mais tu as l'air en forme. Est-ce que ça va ? » demanda John.

« Oui, tout se déroule bien jusqu'ici. Et toi ? »

« Jusqu'à présent ça va », rétorqua John. David suivit les trois frères, tandis qu'ils avançaient d'un pas rapide le long du mur. « Le sergent Tozier a été atteint, mais la blessure est superficielle. Sa section a essuyé de lourdes pertes cependant. »

« Comment nous en tirons-nous, colonel ? » La question venait d'un homme dans la cinquantaine. Il portait un bandage autour de la tête et s'affairait à rendre un ami blessé plus confortable.

« Vous leur en faites voir de toutes les couleurs, soldat, dit Chamberlain. Continuez la pluie de projectiles. » Se tournant vers ses frères, il leur donna ses instructions : « John, grimpe jusqu'à l'autre flanc de la colline et trouve un endroit pour les blessés. Tom, va derrière le régiment et assure-toi que tout est bien fermé. Et dis aux hommes de se répartir sur la ligne de front. Répartis au moins la moitié des hommes qui nous restent à gauche de ce gros rocher. Les rebelles tentent une percée à cet endroit et s'ils réussissent à atteindre notre flanc… » La voix de Chamberlain demeura suspendue un bref moment. « Eh bien, continua-t-il, il ne faut pas qu'ils atteignent notre flanc, un point c'est tout. » Ils tournèrent les talons pour se rendre ailleurs lorsque l'aîné des frères les arrêta de nouveau. « Les gars, dit-il, je n'aime pas ça du tout. Gardez la tête baissée. Comme nous sommes les trois ici, cela pourrait s'avérer un jour plutôt mauvais pour Mère. »

Tandis que ses frères détalaient, Chamberlain se tourna vers David et lui fit signe de le suivre. Ils se tracèrent un chemin à travers les arbres brisés et les portions du mur qui étaient écroulées, enjambant les hommes qui se préparaient à reprendre le combat et ceux qui n'en seraient plus jamais capables. Le colonel grimpa sur le gros rocher qu'il avait indiqué précédemment à ses frères et il aida David à l'y rejoindre. « On peut les voir à partir d'ici », dit-il.

David écarquillait les yeux, essayant d'apercevoir quelque chose à travers l'épaisse fumée qui flottait toujours dans l'air. Suivant le regard de Chamberlain, il aperçut les uniformes gris et jaunes de l'armée des Confédérés en train de se rassembler au bas de la colline. Ils se trouvaient à moins de 150 mètres d'eux. David pouvait apercevoir leurs képis et aussi occasionnellement leurs visages lorsqu'ils levaient les yeux vers le haut de la colline.

« Qui êtes-vous ? » demanda David.

Chamberlain n'avait cessé d'observer intensément ce qui se passait plus bas, mais en entendant la question, il tourna rapidement la tête en direction de son visiteur. « Comment ? Je vous l'ai déjà dit. Mon nom est… »

« Ce n'est pas ce que je veux dire, l'interrompit David. Je veux dire : Qui *êtes*-vous, au juste ? Ne vous offusquez pas, mais êtes-vous célèbre ? Les autres endroits où je me suis retrouvé, c'était pour rencontrer quelqu'un… eh bien…. de célèbre. »

Chamberlain éclata de rire. C'était un rire dru et sec, vide de tout humour. « Célèbre ? Il y a dix mois, j'étais instituteur. Maintenant je suis soldat. Pour un temps, de toute manière. En fait, c'est durant la période où je me suis enrôlé que j'ai commencé à rêver à toi. Je savais de quoi tu avais l'air, quelle taille tu faisais. » Le colonel tira sur la manche de David. « Je savais même que tu porterais ces vêtements. Je n'avais jamais eu de tels rêves auparavant. Étranges, constants, chaque nuit durant des mois. Veux-tu savoir quelque chose qui donne la chair de poule ? Juste avant ton arrivée – au beau milieu du combat, tout à l'heure – j'ai levé les yeux et étendu la main. Tu es alors apparu. J'ai saisi ta chemise avec le poing et je t'ai ramené au sol. Lorsque j'ai tendu le bras pour t'agripper, je savais que tu serais là. Ça s'est passé exactement comme dans mes rêves. »

« Pourquoi êtes-vous ici ? » demanda David.

Chamberlain lui lança un regard intrigué. « Parles-tu de la guerre en général ou de cette colline perdue en particulier ? »

« Les deux, je suppose. »

« Hum… » Chamberlain se caressait la barbe. « J'ai joint les rangs de l'armée de l'Union pour un tas de raisons – comme tous les autres, j'imagine. Nous l'avons fait dans un élan de patriotisme. Pour lutter contre l'ennui. Nous aurions eu honte de *ne pas* nous enrôler. Nous pensions que tout se réglerait rapidement et que ce serait exaltant. Pour la majorité d'entre nous, cependant, je crois que nos hommes ont quitté leur foyer et leur famille parce qu'ils sentaient que c'était la bonne chose à faire. »

Chamberlain demeura silencieux durant un moment, distrait par les hommes en train de se répartir derrière les arbres tombés le long de la ligne de front. « Colonel, cria l'un des hommes, le taillis est trop dense ici. Impossible de voir à 30 mètres. »

« Fais une tranchée et reste où tu es mon garçon, cria à son tour Chamberlain. Ils risquent d'être beaucoup plus près que cela ! »

Après quelques moments de silence, David relança Chamberlain. « Colonel, commença-t-il, vous avez mentionné que vous vous étiez enrôlé parce qu'il s'agissait de la bonne chose à faire ? »

« Ouais, poursuivit Chamberlain. Au cours des siècles, des guerres ont été menées pour des terres, des femmes ou de l'argent. Des milliers d'hommes sont morts au cours de combats provoqués par la jalousie ou l'insulte. Plus souvent qu'autrement, des hommes se sont battus parce qu'un roi, ou un président, ou quelqu'un d'autre leur avait dit de le faire. » Chamberlain se tourna pour faire face à David et le regarder directement dans les yeux. « David Ponder, j'aimerais maintenant te dire que c'est ici la première fois dans l'histoire que des hommes se battent pour la liberté de quelqu'un d'autre. La plupart d'entre nous, gars du Maine, n'avons jamais vu la peau noire d'un homme, mais s'il est vrai que tous les hommes ont été créés égaux, alors nous nous battrons les uns pour les autres. Nous nous battons parce que cela nous semble la chose juste à faire. »

Le colonel soutint le regard de David durant un long moment, puis il se tourna lentement pour jeter un coup d'œil aux hommes en train de s'aligner. « Je ne suis plus certain au juste de ce à quoi je m'attendais lorsque je me suis enrôlé dans cette guerre, mais ce n'était pas du tout à ceci. » Il se pencha alors en position accroupie, se tenant facilement en équilibre sur la pointe des pieds. Chamberlain ramassa distraitement un brin d'herbe qui avait poussé à travers la pierre et il me dit : « J'étais présent à Fredericksburg, vous savez. » Ce n'était pas une question, c'était là une affirmation.

« Trois mille d'entre nous se sont lancés à l'assaut d'un mur de pierres tout comme celui-ci. Nous devions traverser un champ juste au moment où le soleil se couchait. Ils ont tiré sur nous d'une distance d'environ cinquante à soixante mètres. Nous sommes tombés au combat en vagues successives. On aurait dit des rangées entières de soldats tombant comme le rideau d'une pièce de théâtre médiocre. L'attaque n'a pas réussi, mais j'ai réussi à atteindre le mur. Je suis demeuré étendu là toute la nuit, trop terrifié pour me retirer, transi par le froid. Je me suis terré au milieu des cadavres pour me réchauffer, écoutant nos hommes tirer et leurs hommes répondre en tirant à leur tour. *Fffpt...* C'est le son que fait un projectile lorsqu'il pénètre dans le corps d'un soldat mort. C'est différent d'une balle qui atteint un corps bien vivant. »

Chamberlain secoua la tête avec énergie comme s'il voulait chasser ce souvenir. « Eh bien... », dit-il en se relevant. Il avait tiré sur le brin d'herbe et s'en servit comme d'une épée, pointant à nouveau en direction du mur. « Une telle chose ne risque pas de se produire ici. Ce mur ne les retiendra pas très longtemps. Il ne nous reste pas assez d'hommes. » Il lança le brin d'herbe au sol. « J'ai le pressentiment, ajouta-t-il, que si nous perdons cette bataille, la guerre sera terminée. »

David se plaça à côté du colonel. « Pourquoi avez-vous choisi cet endroit à défendre ? »

« Je ne l'ai pas choisi, rétorqua sèchement Chamberlain. Le colonel Vincent m'a placé ici ce matin. »

« Et pourquoi vous a-t-il placé ici ? » le pressa David.

« Nous sommes positionnés à l'extrême gauche de l'armée de l'Union. La Pennsylvania Quatre-vingt-trois se trouve à notre droite, mais à notre gauche, il n'y a rien. Nous sommes à l'extrémité du front qui s'étend d'ici jusqu'à Gettysburg. Cela veut dire qu'il m'est impossible de battre en retraite. Si l'armée des Confédérés pénètre notre flanc, si les rebelles nous contournent, ils vont tomber sur nous par derrière nos canons et nos barricades, et l'armée du Potomac sera alors mise en échec. Quatre-vingt mille hommes attaqués par derrière au cours d'une charge en descente sans protection aucune. Et si une telle chose se produit, cela impliquera qu'ils auront passé à travers moi. »

À cet instant précis, David entendit une clameur monter du bas de la colline, fantomatique. Devenant de plus en plus aiguës et intenses, un millier de voix lançaient leur long cri lancinant. C'était là le hurlement des rebelles. Ils arrivaient. David aperçut, à travers les arbres, les soldats gravir la colline abrupte en courant.

Chamberlain s'était tourné pour conduire David en bas de la pointe rocheuse lorsque le projectile du canon atteignit sa cible. Frappant la base de la grosse pierre sur laquelle ils s'étaient tenus, le boulet projeta les deux hommes dans les airs. Lorsqu'il retomba au sol, David eut l'impression qu'un énorme aspirateur avait tiré tout l'air de son corps. Avant qu'il ait eu le temps de vérifier s'il avait été blessé – avant même qu'il récupère son souffle –, Chamberlain le tenait par le bras pour le tirer à l'abri derrière le mur.

Seuls les canons faisaient feu maintenant, comprit David, en luttant pour que ses poumons fonctionnent à nouveau. Il entendait toujours les hurlements à glacer le sang des rebelles en train de gravir la colline. Il roula pour se mettre sur ses genoux et jeta un coup d'œil par-dessus le mur. Ils se trouvaient à faible distance. Il sembla à David que les Confédérés étaient à deux doigts de fondre sur lui. *Tirez !* Pensa-t-il. *Pour l'amour de Dieu, tirez donc ! Ils sont là !*

Cela sembla prendre une éternité, mais David entendit finalement Chamberlain crier : « Feu ! » Une longue série de coups de feu se fit alors entendre. Cela commença près de David et se propagea telle une mèche allumée tout le long de la ligne de front à droite. Des rebelles en grand nombre s'écroulèrent lors de la première volée. Ils furent plus prudents après cela, utilisant les arbres pour se protéger des coups de feu meurtriers, mais ils avançaient quand même.

Les coups de feu étaient continuels maintenant. Pour David, cela ressemblait au bruit du tonnerre et de pétards allumés pendant un tremblement de terre. L'homme qui était tout à côté de lui poussa un grognement et tomba à la renverse, le visage et la tête ensanglantés. Au grand étonnement de David, l'homme s'assit, tira un mouchoir de sa poche et le noua autour de sa tête. Essuyant le sang de ses yeux avec sa manche, il ramassa son fusil et le rechargea pour pouvoir faire feu à nouveau.

Chamberlain dirigeait maintenant ses hommes et il s'était éloigné un peu de David. Tout le long du front, des rebelles avaient réussi à atteindre le mur. La plupart des coups de feu étaient lancés à bout portant. Le colonel avait sorti son pistolet et David observait la scène tandis que Chamberlain et un rebelle, à moins d'un mètre de distance, se tenaient mutuellement en joue. Le soldat des Confédérés s'écroula dans un nuage de brume rougeâtre. Chamberlain continua à tirer sur des cibles tout autour de lui jusqu'à ce que bientôt, sans avertissement, les rebelles battent en retraite.

Aussi soudainement qu'ils étaient apparus, ils s'évanouirent dans le décor. Les hommes de Chamberlain se levèrent alors avec précaution en vue de faire l'inventaire de la situation. David marcha rapidement vers le colonel qui avançait dans la direction opposée. Tandis qu'il le suivait, il voyait sur sa gauche, le mur de pierres tapissé de cadavres aux costumes bleus et gris. Il passa devant un soldat qui pleurait et jurait en tenant un homme plus jeune dans ses bras.

David accéléra le pas pour rejoindre Chamberlain, tendit le bras et toucha son épaule. « Colonel ? » dit-il. Chamberlain s'arrêta, fixant son regard droit devant. « Colonel ? Je sais que vous êtes très occupé et je ne veux pas vous déranger, mais pourquoi suis-je ici, au juste ? »

Chamberlain secoua lentement la tête : « Je n'en ai aucune idée. Tout ce que je sais c'est que tu allais venir. »

« Il y a quelque chose que je dois apprendre de vous, insista David. J'en suis certain. Réfléchissez – qu'est-ce que cela pourrait bien être ? »

Le colonel sourit légèrement et fronça les sourcils. Se tournant vers David, il dit : « Je suis professeur de rhétorique. Je suis persuadé qu'il n'y a rien que tu aies envie d'apprendre de moi. Je suis un instituteur qui a une cause à cœur et des hommes à diriger. Ces pauvres bougres… leur leader n'a aucune connaissance de la guerre, et encore moins des tactiques pour la faire. Je ne suis qu'un homme entêté, Ponder. Cela constitue mon principal avantage dans cette bataille. J'ai au plus profond de moi une incapacité à demeurer inactif. Je vais peut-être mourir aujourd'hui, mais je ne mourrai pas d'une balle dans le dos. Je *ne vais pas* mourir en battant en retraite. Je suis, d'une certaine manière, comme l'apôtre Paul qui a écrit : "Je fais une chose… je cours vers le but." »

« N'avez-vous pas un écrit quelconque à me remettre ? » demanda David.

Pour un bref moment, David vit que Chamberlain ne semblait pas comprendre sa question. Puis, ses yeux s'illuminèrent. « Oui, dit-il, en effet. J'avais presque oublié. »

Fouillant dans sa poche, il en tira une blague à tabac. De la taille d'une main, elle était de couleur bleu marine avec des sabres entrecroisés – le symbole d'un guerrier – brodés sur le rabat. Elle avait été cousue dans un tissu solide, mais le rude traitement qu'elle avait subi l'avait élimée pour lui donner la douceur de la moleskine. Les deux boutons qui retenaient le rabat étaient de métal et un aigle y était gravé. La blague à tabac était usée mais elle était toujours jolie – royale dans un certain sens –, la propriété d'un officier.

Chamberlain ouvrit la pochette et en extirpa un bout de papier plié. « J'ai écrit la chose il y a plus de deux mois, dit-il. Nous n'avons plus de tabac depuis plus longtemps encore, c'est pourquoi j'ai glissé le mot ici pour ne pas le perdre. » Tendant le bout de papier à David, il ajouta : « Je ne me rappelle plus très bien ce que j'ai écrit. Je me suis réveillé au milieu de la nuit après l'un de ces rêves. Les mots qui se trouvent là m'ont tourné dans la tête, aussi clairs que le jour. J'ai allumé ma lampe de chevet, j'ai trouvé un encrier et les ai couchés sur papier. Je savais qu'ils t'étaient adressés. »

« Merci », dit David en tenant le bout de papier dans ses mains.

« Le plaisir est pour moi, répliqua Chamberlain. Tout cela m'a semblé une situation étrange. En passant, comment vas-tu t'y prendre pour quitter cet endroit ? »

David agita le papier. « Tout ce que j'ai à faire est de lire ceci – il claqua des doigts – et je disparaîtrai. »

Chamberlain regarda autour de lui. Voyant son frère Tom qui s'approchait avec plusieurs autres hommes, il mit sa main sur l'épaule de David, la serra et il dit : « Si c'est tout ce qu'il faut faire, alors mon frère, tu auras peut-être envie de lire le papier maintenant. »

Il se retourna pour s'en aller mais revint vers David. Il avait toujours en main la petite blague à tabac. La tenant au bout de ses doigts, il l'offrit à David. « Je ne pense plus recevoir de tabac, de toute manière », dit Chamberlain.

Incapable de dire quoi que ce soit, David prit le cadeau et regarda le colonel s'éloigner. Maintenant seul, tout en lui désirait suivre le conseil de Chamberlain. *Lis à présent ce qui est écrit sur le papier,* se répéta-t-il. *Quitte cet endroit.* Mais quelque chose lui disait qu'il valait mieux rester pour ne pas rater la suite.

Replaçant le précieux bout de papier dans la pochette, David mit l'objet dans sa poche de jeans et se rapprocha du groupe d'hommes entourant le colonel Chamberlain. Un d'eux était le sergent Tozier, un vieux soldat aguerri qui portait le drapeau lors des combats. Tozier portait un épais tampon de tissu déchiré fourré dans un trou qu'il avait à l'épaule, ayant été atteint par un projectile. « Aucune aide possible de la part du Quatre-vingt-troisième, grommela-t-il. Ils ont été décimés par les salves. Tout ce qu'ils peuvent faire est de se répartir le long de la ligne de front. Nous sommes en train de nous faire assassiner sur le flanc. »

« Nous est-il possible d'étirer un peu ? » demanda Chamberlain.

« Nous n'avons plus rien à étirer, répondit son frère Tom. Plus de la moitié de nos hommes sont tombés. »

« Et où en sommes-nous côté munitions ? »

« Nous avons beaucoup tiré. »

« Je sais que nous avons beaucoup tiré. J'aimerais savoir ce qui nous reste pour tenir le coup. »

« Je vais vérifier, monsieur. »

Alors que Tom disparaissait, la voix d'un jeune soldat grimpé dans un arbre se fit entendre. « Ils se regroupent à nouveau, Colonel. » Chamberlain leva les yeux vers le garçon désignant le bas de la colline. « Ils sont en train de se rassembler maintenant, dit-il, et ils ont eu des renforts. Ils sont encore plus nombreux que la dernière fois. »

« Monsieur ! » Le sergent Ruel Thomas, à bout de souffle, arriva en trombe au milieu d'eux. « Colonel Chamberlain, monsieur. Monsieur… le colonel Vincent est mort. »

« En êtes-vous certain, sergent ? »

« Oui, monsieur. Il a été atteint par un projectile dès le début de l'affrontement. Nous étions appuyés par la brigade de Weed à l'avant, mais Weed est mort maintenant. Ils ont déplacé le bataillon de Hazlett aux premières lignes. Hazlett est mort également. »

Tom revint en courant. « Joshua, dit-il, il ne nous reste presque plus de munitions. Un ou deux tirs pour chaque soldat, tout au plus. Certains des hommes n'ont plus rien du tout. »

Chamberlain se tourna vers un homme plutôt mince qui se tenait à sa droite. C'était l'officier maître Ellis Spear. « Spear, ordonna-t-il calmement, dites aux hommes de prendre les munitions des soldats blessés et de ceux qui sont morts. »

« Peut-être devriez-vous songer à la possibilité de battre en retraite, monsieur », dit Spear avec une certaine prudence.

« Nous n'*allons pas* battre en retraite, sergent, répliqua Chamberlain d'un air sévère. Transmettez mes ordres, je vous prie. »

« Colonel, dit Tozier. Monsieur, nous ne pourrons pas les retenir une fois de plus. Vous savez que nous ne le pourrons pas. »

« Joshua. » C'était la voix de Tom à nouveau. « Les voici qui arrivent. »

David avait écouté la conversation entre les officiers, fasciné par l'horreur de leur situation. Mais quand il entendit les hurlements des rebelles une fois de plus à travers les arbres, son sang se glaça. *J'ai attendu trop longtemps avant de lire le papier,* pensa-t-il. *Je n'arriverai jamais à me tirer d'ici maintenant.* Tandis qu'il s'apprêtait à retirer la blague de sa poche, un calme l'envahit tout à coup quand la petite voix intérieure familière lui dit: attends, regarde, écoute, apprends.

Chamberlain se tenait bien en vue au-dessus du mur, les bras croisés, regardant l'ennemi qui s'avançait. L'officier Spear était revenu et se tenait aux pieds du colonel. Tozier, Tom et un autre lieutenant, un garçon dénommé Melcher, étaient également rassemblés là. David se trouvait à quelques mètres derrière le groupe. « Joshua ! cria Tom, nous attendons tes ordres. »

Chamberlain demeura stoïque. Perdu dans ses pensées, il pesait le pour et le contre de la situation. *Battre en retraite est hors de question,* se dit-il. *Nous ne pourrons tenir cet endroit bien longtemps. Lorsque je me trouve devant le choix de ne rien faire ou de faire quelque chose, je choisirai toujours de passer à l'action. Je suis une personne d'action.* Tournant le dos aux rebelles, il regarda ses hommes. « Fixez vos baïonnettes », dit-il.

Au début, personne ne bougea. Ils l'ont simplement regardé, bouche bée. « Nous aurons l'avantage d'une attaque en descente, ajouta Chamberlain. Fixez vos baïonnettes maintenant. Exécutez une grande roue droite du régiment entier. Que la gauche s'élance en premier. »

Le lieutenant Melcher éleva la voix, confus. « Monsieur, demanda-t-il, qu'est-ce qu'une grande roue droite, au juste ? » Mais le colonel avait déjà sauté du tas de pierres.

Tozier répondit à la question. « Il veut dire de foncer, fiston. Une "grande roue droite" veut dire une charge à fond de train. »

David était sidéré en voyant Chamberlain tirer son épée, regrimper sur le mur à nouveau et crier : « À vos baïonnettes, à vos baïonnettes ! » Se retournant, le colonel pointa son sabre en direction de David et pencha légèrement la tête. Puis il fit demi-tour pour affronter un destin aux perspectives plutôt accablantes et il battit l'air de son épée. Avec une force inspirée par la justesse de sa cause et la peur, le maître d'école du Maine cria de toutes ses forces à ses hommes : « À l'attaque ! À l'attaque ! À l'attaque ! » Et c'est ce qu'ils firent.

Sautant par-dessus le mur, le reste des hommes levèrent la voix pour se joindre à celle de leur leader : « À l'attaque ! crièrent-ils. À l'attaque ! À l'attaque ! »

David courut jusqu'au mur pour regarder au bas de la colline. Il fut abasourdi de voir les forces confédérées qui s'avançaient interrompre leur ascension tout à coup. Presque immédiatement, les soldats tournèrent les talons et se mirent à courir. Quelques-uns parmi les âmes les plus braves vidèrent leur arme avant de la laisser tomber pour suivre les autres dans la débandade. À environ soixante-dix mètres plus bas dans la pente, David aperçut Chamberlain. Sa main gauche était appuyée sur le tronc d'un arbre, et dans sa main droite il tenait un sabre dont la pointe était appuyée sur la clavicule d'un officier des rebelles. L'homme avait les mains levées. Tout était terminé.

David grimpa sur les pierres et s'assit par terre. Le dos appuyé contre le mur, il sortit la blague de sa poche. Tandis qu'il regardait au bas de la colline, David caressa de ses doigts la douceur soyeuse du tissu. Il l'approcha de son visage ; elle sentait la terre, la sueur et le vieux tabac tout à la fois. Déboutonnant le rabat, David retira le mot que Chamberlain avait écrit. Il jeta un dernier coup d'œil en bas, prit une profonde respiration et se mit à lire.

LA TROISIÈME DÉCISION EN VUE DE LA RÉUSSITE

Je suis une personne d'action.

Dès aujourd'hui, je vais m'assurer un meilleur avenir en me façonnant un nouveau moi. Plus jamais je ne me complairai dans les affres du désespoir à me lamenter à cause du temps perdu et des occasions ratées. Je ne peux rien faire face au passé. Mon futur est immédiat. Je vais le saisir de mes deux mains et m'élancer vers lui en courant. Lorsque je suis confronté au choix de ne rien faire ou de faire quelque chose, je choisirai toujours de passer à l'action ! Je saisis le moment présent. Je choisis maintenant.

Je suis une personne d'action. Je suis énergique. Je réagis rapidement.

Sachant que la paresse est un vice, je compte développer des habitudes inspirées par un comportement énergique. Je vais marcher d'un pas décidé et le sourire aux lèvres. La force motrice qui coule dans mes veines me pousse à m'élever toujours plus haut et à me lancer dans l'activité à la poursuite de mes objectifs. La richesse et la prospérité ne sont pas accordées aux paresseux, mais de riches récompenses sont offertes aux personnes qui bougent rapidement.

Je suis une personne d'action. J'inspire les autres par mon activité. Je suis un leader.

Pour diriger, il importe d'agir. Pour ce faire, je dois m'élancer vers l'avant. Nombre de personnes se tassent pour laisser passer celui qui s'élance ; d'autres sont attirées dans son sillage. Mon activité engendrera une vague de réussite que les gens auront envie de suivre. Mon activité sera constante. Cela inspirera confiance en mon leadership à ceux qui m'entourent. En tant que leader, j'ai la capacité d'encourager et de stimuler les autres à la grandeur. Ceci est vrai : une armée de moutons dirigée par un lion mènera à la défaite une armée de lions dirigée par un mouton !

Je suis une personne d'action. Je suis capable de prendre une décision. Je le ferai maintenant.

Une personne qui ne bouge ni à droite ni à gauche est destinée à la médiocrité. Lorsque confrontés à une décision à prendre, nombre de gens affirment qu'ils attendent que Dieu décide. Mais je comprends que dans la plupart des cas, Dieu attend que ce soit moi qui décide ! Il m'a accordé la saine intelligence de rassembler et de trier l'information nécessaire et le courage de parvenir à une conclusion. Je ne suis pas un chien tremblant de peur, indécis et rempli d'appréhensions. Ma constitution est robuste et ma voie est dégagée. Les gens qui réussissent prennent leurs décisions rapidement et ils changent d'avis lentement. Ceux qui échouent prennent leurs décisions lentement et ils changent d'avis rapidement. Mes décisions se prennent rapidement et elles me mènent à la victoire.

Je suis une personne d'action. Je prends des risques. Je suis courageux.

La peur n'a plus de place dans ma vie désormais. Pendant trop longtemps, la peur a freiné mon désir de rendre les choses meilleures pour ma famille. Plus jamais ! J'ai fait la preuve que la peur n'était qu'une vapeur, un imposteur qui n'a jamais eu de réel pouvoir sur moi de toute manière. Je ne crains pas les opinions d'autrui, les commérages ou le bavardage oisif des primates, car ils sont du pareil au même pour moi. Je n'ai pas peur de l'échec, car dans ma vie, l'échec est un mythe. L'échec n'existe que lorsqu'on a abandonné la partie. Je ne lâcherai jamais.

Je suis courageux. Je suis un leader. Je saisis le moment présent. Je choisis maintenant.

Je suis une personne d'action.

Chapitre six

LA NAUSÉE FUT PLUS INTENSE CETTE FOIS. Lorsque le mur de pierres disparut derrière le dos de David, il sentit aussitôt une sensation de tangage qui le tirait vers le bas, puis vers le haut, pour le ramener en bas une fois de plus. Serrant les poings et baissant la tête, David se demanda si le passage d'une époque à l'autre serait bientôt terminé. Le malaise intérieur était presque insupportable. Prudemment, David ouvrit les yeux et il comprit pourquoi. Le mouvement qu'il avait ressenti ne faisait pas partie de son voyage à travers le temps ; il était arrivé à destination en une fraction de seconde. En fait, il se trouvait sur un bateau.

Il faisait noir, mais dans la pénombre, David aperçut la masse d'eau sous le ciel étoilé. Il comprit qu'il se trouvait sur l'océan, car l'odeur saline lui rappelait les vacances à la plage avec Ellen et Jenny. Le mouvement du bateau finit par moins l'incommoder une fois ses yeux fixés sur ce qui l'entourait. Tâtonnant autour de lui, David découvrit qu'il se trouvait assis sur un tas de cordages enroulés. Du moins, il en conclut qu'il s'agissait de cordages. La chose lui paraissait plus rugueuse et moins uniforme que les cordes qu'il avait utilisées jusque-là. Elles semblaient avoir été fabriquées avec de l'herbe.

Touchant le cordage, David se rappela qu'il tenait toujours le mot de Chamberlain dans une main et la blague dans l'autre. Tout joyeux et un peu étonné que la pochette ait traversé le temps avec lui, David s'empressa de glisser le papier à l'intérieur et de fermer le rabat à l'aide des boutons. Puis, il se rappela la page reçue de Truman et le rouleau de cuir du roi Salomon. Les retirant de sa poche, David plaça les précieux deux premiers écrits à l'intérieur de la blague à tabac du colonel avec le troisième message et il remit l'objet dans sa poche de jeans.

David se leva avec précaution de l'endroit où il avait atterri. Il se sentait un peu raide et ankylosé, comme s'il était demeuré immobile trop longtemps. Levant les yeux, David aperçut une énorme pièce de tissu – une voile – et il sourit. Il avait fait de la voile avec son père étant jeune. Sur de petits lacs avec de petits voiliers – rien de comparable avec le bateau actuel. « Papa apprécierait énormément se trouver ici », marmonna-t-il à voix haute. Puis David s'assombrit. « Papa, où es-tu ? » soupira-t-il.

David sentit alors le poids de la fatigue et de la solitude. Se laissant crouler sur la pile de cordages, il posa la tête en arrière au moment où les larmes remplissaient ses yeux. Verrait-il jamais Ellen à nouveau ? Ou sa fille ? Chère Jenny. Que pouvaient-elles bien penser maintenant ? Étaient-elles terrifiées ? heureuses ? Est-ce que seulement dix minutes avaient passé… ou cent ans ?

• • •

« L'ami ! Pssst ! L'ami ! » David sentit qu'on tirait sur sa chemise et il ouvrit les yeux. Il faisait toujours nuit, bien qu'il ait l'impression d'avoir dormi durant un petit moment. « Hé l'ami, lui souffla une silhouette avec insistance, s'il te plaît, suis-moi je t'en prie. » Après avoir été pratiquement tiré sur ses pieds, David suivit l'ombre d'un petit homme trapu se déplaçant agilement au milieu des barils, des cordages et des mâts pour atteindre finalement le centre du bateau.

David parvenait difficilement à le suivre et il faillit tomber à plusieurs reprises, jusqu'à ce que l'homme arrive enfin à la base du grand mât. L'énorme pièce de bois dont David n'aurait pas pu faire le tour avec ses bras s'élevait droit dans la nuit. Portant la voilure principale, elle était couverte de cordages et de boucles. Sans même regarder David, l'homme dit simplement : « Grimpons... » et, de la main, il fit signe à David de le suivre.

L'homme avait disparu en quelques secondes, tellement il était agile. David s'empressa de le suivre, mais c'était comme s'il se hissait le long d'une toile d'araignée. Au bout d'un moment, il sentit une main l'agripper par sa chemise. Le petit homme était très fort. Il tira David en haut, puis par-dessus le rebord et sur la plate-forme de bois autour du mât. Ils étaient maintenant dans le nid-de-pie.

L'homme défroissa la chemise de David à l'endroit où il l'avait agrippé, puis il posa les deux mains sur ses épaules. « Bienvenue, bienvenue, l'ami, dit-il discrètement, mais avec beaucoup d'enthousiasme. Je suis des plus honorés de faire ta connaissance. Comment t'appelles-tu ? »

« Mon nom est David, David Ponder. »

« Ah, señor Ponder. Puis-je t'appeler David ? »

« Oui, bien sûr. »

« Excellent ! As-tu faim ? »

« Non, pas vraiment. J'ai... »

« Très bien ! Nous n'avons plus grand-chose à nous mettre sous la dent et ce qui nous reste est rempli de petites bestioles. » David eut un haut-le-cœur. « Mais il n'y a pas de problème, vraiment, dit l'homme. Vous verrez. Nous arriverons bientôt au terme de notre voyage. »

Malgré la noirceur, le reflet des étoiles sur l'océan illuminait le nid-de-pie d'une douce lueur. David pouvait voir l'homme clairement à présent. Il avait les cheveux d'un brun roux, très bouclés, et qui lui descendaient presque jusqu'aux épaules. Un chapeau de feutre vert triangulaire reposait à l'arrière de sa tête, la pointe avant faisant saillie vers le ciel. Le reste de ses vêtements, à l'exception de sa veste de toile grossière, était en loques. Le pantalon de l'homme n'était plus que bandelettes qui lui descendaient jusqu'aux chevilles et ses chaussures semblaient virtuellement inexistantes – du cuir brut noué autour des pieds.

« Puis-je demander votre nom, monsieur ? » ajouta David.

« Eh bien, certainement. » L'homme posa la main sur son front. « Quelle impolitesse de ma part ! Je suis capitán Colón. Capitán Cristóbal Colón, maître de la *Santa Maria,* à votre service. » Il exécuta alors une petite courbette.

« Colón ? demanda David. Colomb ? Vous êtes Christophe Colomb ? »

« Ouep, répondit l'homme qui souriait, un peu confus. Colomb est la prononciation française de mon nom, mais je dois avouer que votre portugais est impeccable. Je suppose que… »

David dit d'un air taquin : « Je ne parlerai le portugais que ce soir, malheureusement. »

Colomb pencha la tête sur le côté comme s'il essayait de comprendre ce que David trouvait de si amusant. « Je comprends », ajouta-t-il, bien qu'il soit évident pour David que l'homme ne comprenait pas. Tapant des mains pour les frotter ensuite vigoureusement, Colomb changea subitement de sujet. « Quoi que vous ayez l'intention de faire cette nuit, dit-il, il ne vous reste plus beaucoup de temps. Le soleil nous joindra d'ici peu. »

Le tangage du vaisseau était plus prononcé si haut perché, mais cela mis à part, David se sentait en sécurité, presque confortable même. De là-haut, il pouvait voir en bas que le bateau n'était pas très grand, comparé à la vaste étendue de l'océan sur lequel il naviguait. Ayant moins de trente mètres de longueur, la *Santa Maria* grinçait et gémissait sous le roulement de vagues légères. Jetant un coup d'œil derrière elle, David put discerner la silhouette de deux autres embarcations. Fendant la houle à environ cent mètres à l'arrière, elles flanquaient leur leader de chaque côté.

« La *Niña* et la *Pinta* ? » demanda David.

« Euh... oui, répondit Colomb. Des vaisseaux en très bon état tous les deux, bien qu'ils ne soient pas aussi luxueux que celui-ci. » D'un geste du bras, il indiqua le pont de la *Santa Maria.*

David retint un sourire. « Savez-vous où vous êtes ? » demanda-t-il.

« Certainement, répondit Colomb, le regard moqueur. Je suis ici ! Mais savez-vous où *vous* êtes ? »

David jeta un coup d'œil autour de lui. « L'Atlantique ? »

« Très bien ! Très bien ! dit Colomb en tapant David dans le dos. Vous faites un merveilleux navigateur. »

David était plutôt confus et assez inconfortable. Il reprit la parole. « Est-ce que, *réellement,* vous n'avez aucune idée d'où vous êtes ? » demanda-t-il.

« Est-ce que cela a un quelconque rapport avec ce que je suis en mesure d'accomplir ? » rétorqua Colomb.

« Je ne comprends pas bien », dit David.

« J'ai entendu une telle question sous une forme ou une autre depuis mon enfance, commença Colomb. “Savez-vous où vous êtes ? Savez-vous *ce que* vous êtes ? Colón, vous êtes sans instruction. Colón, vous êtes pauvre. Vous êtes le fils d'un tisserand !

Que savez-vous de la navigation en mer ?" Il secouait la tête, dégoûté. "Savez-vous où vous êtes ?" constitue une question qui ne m'affecte pas le moins du monde ! Toutefois, "Savez-vous où vous allez ?" – voilà une question à laquelle je peux répondre. Alors posez-la-moi. »

« Excusez-moi ? Vous demander… ? »

« Demandez-moi : "Savez-vous où vous allez ?" Demandez-le-moi ! »

« D'accord, dit David, en fronçant les sourcils. Savez-vous où vous allez ? »

Durant les quelques minutes où les deux hommes s'étaient trouvés dans le nid-de-pie, ils avaient discuté en chuchotant à voix basse. Mais quand Colomb eut reçu la question qu'il attendait, il hurla littéralement la réponse. Faisant une sorte d'écho au-dessus de l'eau, on aurait dit la voix même de Dieu. Pointant de son bras droit devant, en direction du ciel à l'ouest, il s'écria : « Oui ! Oui ! Je *sais* où je vais ! Je me dirige vers un nouveau monde ! »

David sentit un frisson lui parcourir le corps quand l'explorateur pointa ainsi l'horizon encore dans la pénombre. Durant un moment, les deux hommes demeurèrent silencieux. Se raclant la gorge, David brisa le silence. « Depuis combien de temps avez-vous quitté l'Espagne ? » demanda-t-il.

« Soixante-quatre jours, répondit Colomb en baissant le bras, et aujourd'hui nous apercevrons la terre ferme. Regardez derrière nous. » David se retourna et il aperçut une pâle lueur dans le ciel à l'est. « L'aurore se pointera le bout du nez d'ici peu. Et une fois là, vous apercevrez la terre ferme directement en face de la *Santa Maria.* Une terre si belle, avec des arbres, des fruits, des animaux et des hommes, qui nous accueilleront en héros ! L'eau jaillissant du sol sera fraîche et pure. Elle brillera comme si elle était couverte de diamants ! Ce sera là un endroit où les rêves des hommes deviendront réalité – un monde nouveau et glorieux revendiqué par Cristóbal Colón au nom du roi Ferdinand et de la reine Isabella ! »

David se pencha en avant et mit ses mains sur le rebord du nid-de-pie. « Vous parlez du roi et de la reine d'Espagne, Ferdinand et Isabella, n'est-il pas vrai ? »

Colomb acquiesça. « Ce sont eux qui ont financé cette expédition. Le roi Jean, du Portugal – *mon* roi – a dit non à cette magnifique opportunité, comme l'ont fait des rois et reines de nombreux autres pays. Dix-neuf ans, mon ami. J'ai mis dix-neuf ans à trouver des commanditaires. Durant dix-neuf ans, j'ai subi l'agonie de l'humiliation publique à cause de mes convictions. »

« Quelles convictions ? »

« La conviction… dit Colomb, élevant la voix, je dirais plutôt l'absolue certitude que je pouvais trouver une nouvelle route marchande en naviguant vers l'ouest. L'ouest ! »

Colomb saisit David par les épaules et le secoua en disant : « Cher ami ! Le monde est une sphère ! Il n'est pas plane ! Nous naviguons *autour* de la Terre sur la surface lisse d'une sphère. Il n'y a aucun risque que nous sombrions dans un abîme imaginaire ! »

« Êtes-vous la seule personne à croire une telle chose ? » demanda David.

« Pour le moment, oui, répondit Colomb, mais cela ne me dérange pas le moins du monde. La vérité est la vérité. Même si un millier de personnes croient à quelque chose d'insensé, cela demeure quand même insensé. La vérité de dépend jamais d'un consensus d'opinions. J'ai découvert qu'il valait mieux pour moi être seul et passer à l'action en m'appuyant sur la vérité et en écoutant mon cœur, que de suivre un troupeau d'oies vouées à la médiocrité. »

« Vous dites que cela ne vous dérange pas le moins du monde, renchérit David. N'êtes-vous pas inquiet que les gens croient… euh… que vous avez perdu la boule ? »

« Mon ami, rétorqua Colomb en souriant de toutes ses dents, si tu t'inquiètes de ce que les autres pensent de toi, tu finiras par avoir plus confiance en leur opinion qu'en la tienne. L'homme dont l'avenir dépend de l'opinion et de la permission d'autrui finira pauvre, c'est certain. Rappelle-toi ceci : si tu as peur qu'on te critique, tu mourras en n'ayant rien accompli du tout. »

David fronça les sourcils. « Oui, mais avec autant de personnes contre vous, demanda-t-il, comment vous y êtes-vous pris pour entamer vos démarches ? »

« Commencer et terminer quelque chose – les deux extrémités d'un voyage – exige que l'on fasse preuve d'une réelle passion », précisa Colomb, songeur. David regardait le grand personnage d'un air ébahi. « La passion… répéta-t-il en soupirant profondément, provient essentiellement du cœur. La passion est ce qui t'aide quand tu as un formidable rêve. La passion engendre des convictions et elle transforme la médiocrité en excellence ! La passion est ce qui motivera les autres à se joindre à toi dans la poursuite de ton rêve. Grâce à la passion, tu parviendras à surmonter de formidables obstacles. Tu deviendras impossible à arrêter ! »

David fit mine de poser une autre question, mais Colomb leva la main pour qu'il fasse silence. « Je t'en prie, cher ami, dit-il. Garde le silence pour un moment. » David fit ce que l'autre lui demandait et regarda dans la même direction que lui, vers le ciel, à l'ouest. Le soleil venait de se lever derrière eux, projetant ses rayons sur des kilomètres d'espace océanique. Colomb scruta l'horizon, concentrant toute son attention sur ce qui se trouvait devant eux. Durant une minute entière, il ne fit pas un geste. Puis pour deux minutes… et puis dix. Seuls ses yeux bougeaient, tandis qu'il fixait attentivement la ligne où l'eau touchait au ciel.

Au bout d'une demi-heure environ, Colomb redressa le dos et se frotta les yeux. « Rien à l'horizon ? » demanda doucement David.

« J'ai aperçu quelque chose », répondit Colomb.

« Comment ? » David jeta un regard autour de lui, confus. « Vous voyez la terre ferme ? »

« Oui », dit tout simplement le grand homme.

David fronça les sourcils. Il cherchait de toutes ses forces à apercevoir ce que Colomb affirmait avoir vu. « Montrez-le-moi, je vous en prie. »

« Señor Ponder, dit Colomb, il faut regarder ailleurs. Aujourd'hui tu n'apercevras pas de terre ferme à la proue de mon navire. Tu ne la verras qu'en plongeant ton regard dans mes yeux. »

David se retourna. Il se sentait comme si on lui avait joué un sale tour. « Alors il n'y a pas de terre ferme ? » s'indigna-t-il.

« Oui, il y a une terre ferme, répliqua Colomb, et elle est bien là, devant. » Il fit un geste en direction de la proue du bateau à nouveau. « Je la vois aussi clairement que je te vois, toi. Je la vois depuis plus de vingt ans, en fait. Et demain, tu la verras, toi aussi. Elle apparaîtra clairement tout à coup juste au moment où poindra l'aurore, directement en face de la *Santa Maria.* Une terre si belle, avec des arbres, des fruits, des animaux et des hommes, qui nous accueilleront en héros ! L'eau jaillissant du sol sera fraîche et pure. Elle brillera comme si elle était couverte de diamants ! Ce sera là un endroit où les rêves des hommes deviendront réalité

– un monde nouveau et glorieux revendiqué par Cristóbal Colón au nom du roi Ferdinand et de la reine Isabella ! »

Pour un bref moment, David retint son souffle. Ses cheveux virevoltant sous la brise continuelle, il plongea profondément les yeux dans ceux de l'homme qui se tenait devant lui. Il y aperçut la passion et la certitude à l'origine de ce voyage légendaire. *Que pourrais-je bien accomplir,* se dit David, *si j'étais animé d'un esprit aussi puissant que celui-ci ?*

« El capitán, monsieur ! »

David cligna des yeux. Le charme venait d'être rompu par la voix qui appelait d'en bas.

Les deux hommes se penchèrent par-dessus le rebord du nid-de-pie. Directement en dessous d'eux se tenaient quatre hommes. Ils faisaient signe à Colomb de venir les rejoindre.

Ce dernier retroussa les lèvres en poussant un soupir. « Un problème ? » demanda David.

Passant la jambe par-dessus le rebord de la coupole de bois, Colomb répondit : « C'est plus que certain. Ce sont là mes officiers. »

David suivit l'agile marin dans sa descente, s'accrochant tant bien que mal aux cordages le long du chemin. Lorsqu'enfin, il eut atteint le pont de la *Santa Maria,* la discussion semblait déjà vive. Le premier officier, vêtu exactement comme son capitaine, était grand et fortement musclé. Ses longs cheveux noirs avaient été noués derrière en queue de cheval et ils descendaient par-dessus son épaule jusque sur le devant de sa chemise. Comme les trois autres hommes, il était frais rasé. À la tête du contingent opposé au leader, le premier officier, Juan Garson, était le seul à parler. « Vos officiers se sont tous mis d'accord, el capitán. Ce voyage est terminé ! Le temps est venu de rentrer. »

Colomb regarda les hommes et dit : « Mais nous sommes presque rendus à destination ! La portion la plus difficile du voyage est maintenant derrière nous ! Demain, vous verrez la terre ferme. Ce sera une terre si belle, avec des arbres, dcs fruits et… »

« Assez ! cria Juan Garson. Nous avons entendu ce triste refrain durant trop de semaines déjà. Monsieur, assurément, vous devez bien voir que vos hommes ont atteint leur limite ! »

Colomb afficha un sourire légèrement figé. « Je vois des hommes qui ne connaissent pas les limites qu'ils peuvent atteindre. »

Juan Garson ferma brièvement les yeux, comme pour chercher à se contenir. « Monsieur ! Vos officiers et moi-même avons décidé de rentrer. Nous sommes à bout. »

Garson et les autres hommes firent mine de s'en aller, mais ils furent cloués sur place par la voix forte de leur capitaine. « Messieurs ! » leur intima Colomb. Voyant que les officiers s'étaient immobilisés et tournés vers lui, il ajouta sur un ton plus doux, cette fois : « Messieurs, dois-je vous rappeler qu'il vous reste moins de dix jours de nourriture et d'eau potable dans la cale. Rebrousser chemin à ce point-ci est complètement déraisonnable. Une telle option signifie non seulement l'échec de notre mission mais la mort assurée ! Pour l'amour du ciel, messieurs, je vous demande de réfléchir ! Nous sommes en mer depuis maintenant soixante-quatre jours. Vers quel port pensez-vous mettre le cap pour le retour. Notre seule issue est devant ! Notre seul espoir est de poursuivre notre route. »

Les hommes se tenaient là, tête baissée. Ils paraissaient non seulement déjoués mais battus. Garson reprit la parole, plus doucement cette fois : « Ce que vous dites est-il réaliste, capitán ? Allons-nous bientôt apercevoir la terre ferme ? »

Colomb s'approcha pour mettre le bras autour de l'épaule de l'homme plus grand. « Est-ce que tout cela est réaliste, Garson ?

Je dois vous dire : “Non.” Mais rien de grandiose n'a jamais été accompli par des personnes réalistes ! Allons-nous apercevoir la terre ferme ? Oui ! Oui ! Nous allons rencontrer la terre ferme, mais il s'agira là de la moindre de *vos* découvertes. » Colomb pointa le doigt en direction de la poitrine de son premier officier. « Vous vous découvrirez un cœur tourné vers la réussite tel que vous n'aviez pas idée qu'il pouvait exister. Vous découvrirez un Juan Garson qui est capable de diriger des hommes vers un nouveau monde qui leur appartient ! Vous découvrirez... la grandeur ! »

Garson avait bombé le torse et sa respiration était devenue plus profonde. « Pardonnez mon insolence, el capitán, je... »

« C'est oublié, dit Colomb, en renvoyant son officier d'un signe de la main. Allez, Juan Garson, dirigez vos hommes – et gardez la foi ! »

Tandis que les officiers se retiraient, Colomb remonta rapidement vers le nid-de-pie. David le suivit, trouvant l'ascension plus aisée cette fois parce qu'il faisait jour. À nouveau, Colomb agrippa David par sa chemise pour le tirer dans la coupole de bois.

Reprenant son souffle, David observa Colomb le dos appuyé sur le mât pour scruter l'horizon en direction de l'ouest. « Puis-je vous poser une question ? » demanda David.

« Certainement », répliqua Colomb.

« Que vouliez-vous dire, en bas, tout à l'heure, lorsque vous avez mentionné à votre officier qu'il se découvrirait un cœur tourné vers la réussite ? »

Colomb inspira puis expira lentement avant de répondre. « La plupart des gens échouent dans ce qu'ils entreprennent parce qu'ils n'ont pas un cœur résolu. Devrais-je ? Ne devrais-je pas ?

Vais-je aller de l'avant ? Rebrousser chemin ? Mais la réussite exige l'équilibre émotionnel qui résulte d'un cœur sans partage. Lorsque confronté à un défi, l'homme résolu se mettra en quête d'une solution. L'homme qui ne l'est pas cherchera une échappatoire. »

Colomb se racla la gorge, toussa faiblement, puis poursuivit. « Un cœur résolu n'attend pas que les conditions soient idéales. Pourquoi ? Parce que les conditions ne seront *jamais* idéales. L'indécision dont tu fais preuve limite le Tout-Puissant dans sa capacité de réaliser des miracles dans ta vie. Il a déposé une vision en toi – c'est pourquoi, passe à l'action ! Attendre, remettre tout en question, douter et te montrer indécis est désobéir à Dieu. »

Sans détacher son regard de l'horizon, Colomb mit la main sous sa veste pour en retirer un parchemin. « C'est pour toi », dit-il simplement. Il le déplia et le remit à David.

David prit le papier jauni, y jeta un bref coup d'œil et il dit : « Vous *finirez* par découvrir votre nouveau monde. »

Colomb, les yeux rivés droit devant, répondit doucement : « Je sais. »

David sourit en hochant la tête d'émerveillement. « Comment le savez-vous ? » demanda-t-il.

Colomb se retourna et regarda David. « J'ai un cœur résolu », dit-il, avant de reprendre sa vigile.

Durant un moment, David demeura silencieux. Il avait la plus grande admiration pour cet homme qui ne savait rien et qui pourtant semblait tout savoir. Il ouvrit la bouche pour ajouter quelque chose. « Mais comment… »

« Señor Ponder », l'interrompit Colomb. Il entoura de son bras les épaules de David. « Le temps est venu de lire le message qui m'a été donné pour toi. Médite-le attentivement, car dans ces mots, tu trouveras le cœur tourné vers la réussite que *tu* ne croyais pas posséder. Tu découvriras un David Ponder capable de diriger des hommes vers de nouveaux mondes à *eux*. Tu trouveras la grandeur. » Après ces paroles, le grand explorateur, Christophe Colomb, serra David dans ses bras en l'embrassant sur chaque joue. « Lis donc, répéta-t-il en souriant. Je suis un homme occupé. »

David le regarda se déplacer vers le rebord du nid-de-pie, y déposer les coudes et fixer son attention sur l'horizon. Le vent changea de direction et secoua le parchemin qu'il tenait dans sa main. Il s'assit en s'adossant contre la paroi de la plateforme de bois, les deux pieds appuyés sur le mât. Jetant un dernier coup d'œil en direction de l'homme qui avait rédigé le message, il se mit à lire.

La quatrième décision en vue de la réussite

J'ai un cœur résolu.

Un homme sage a dit un jour : « Un voyage de mille kilomètres commence par un simple pas. » Sachant que cela est vrai, je veux faire ce premier pas dès aujourd'hui. Depuis trop longtemps mes pieds ont été hésitants, allant tantôt à gauche, tantôt à droite, plus à reculons qu'en avant, tandis que mon cœur cherchait à discerner la direction du vent. La critique, la condamnation et les plaintes sont enfantées par le vent. Elles vont et viennent dans le souffle inutile des êtres sans envergure et elles n'ont aucun pouvoir sur moi. Le pouvoir de choisir quelle direction prendre m'appartient. À partir d'aujourd'hui, je vais commencer à exercer un tel choix. Ma voie a été tracée. Ma destinée est assurée.

J'ai un cœur résolu. Je suis passionné par la vision qui m'habite et l'avenir qui m'est réservé.

Je vais me réveiller chaque matin, rempli d'excitation face à cette nouvelle journée et face aux occasions de croissance et de transformation qu'elle me procurera. Mes pensées et mes actions seront tournées vers l'avant, sans jamais glisser vers la forêt sombre du doute ou vers les sables mouvants de l'apitoiement sur soi. Je vais librement offrir ma vision du futur aux autres, et lorsqu'ils apercevront la certitude face à l'avenir dans mes yeux, ils auront envie de me suivre.

Je vais déposer ma tête sur l'oreiller, chaque soir, épuisé mais heureux, sachant que j'ai fait tout en mon possible pour déplacer les montagnes qui se trouvaient sur ma route. Durant mon sommeil, le rêve qui m'anime durant le jour sera avec moi tout au long de la nuit. Oui, j'ai un rêve. C'est un rêve grandiose et je n'aurai jamais honte de l'avoir. Et je ne l'abandonnerai jamais non plus, car si cela se produisait, ma vie serait finie. Mes espoirs, mes passions, ma vision du futur sont ce qui me garde en vie. Une personne qui n'a pas de rêve ne saurait voir son rêve se concrétiser.

J'ai un cœur résolu. Je ne vais pas attendre.

Je sais que le but de l'analyse est de parvenir à une conclusion. J'ai examiné la chose sous tous ses angles. J'ai bien évalué les possibilités. Et j'ai pris une décision dans mon cœur. Je ne suis pas timide. Je vais maintenant m'élancer et ne regarderai pas en arrière. Ce que je remets à demain risque d'être remis au surlendemain aussi. Je refuse la procrastination. Mes difficultés tendent à devenir moins importantes chaque fois que je les affronte. Si je touche un chardon en le prenant délicatement entre mes doigts, il risque de me blesser, mais quand je le saisis vigoureusement, ses épines deviennent poussière.

Je ne vais pas attendre. Je suis passionné par ma vision de l'avenir. Ma voie a été tracée. Ma destinée est assurée.

J'ai un cœur résolu.

Chapitre sept

DAVID SENTIT LE TANGAGE DE LA *SANTA MARIA* EN LEVANT les yeux du parchemin. Colomb se tourna pour regarder David se relever et constata qu'il ne se trouvait plus dans le nid-de-pie, mais qu'il avait plutôt les pieds solidement plantés en plein ciel, s'éloignant de plus en plus rapidement du navire. Colomb sourit et lui envoya la main. David fit de même et voyagea soudain à si grande vitesse que son regard perçut un millier d'images de Colomb et de la *Santa Maria* s'étendant à l'infini comme la lumière d'un stroboscope dans la queue d'une comète.

L'instant d'après, David se trouvait debout dans une petite pièce. L'air ambiant avait une forte odeur de moisissure mêlée à un soupçon de savon à lessive. L'unique lumière dans la pièce provenait d'une simple ampoule pendant au bout d'un fil depuis le plafond. David compta rapidement sept personnes se trouvant à quelques pas de lui. Il fronça les sourcils. Étonnamment, elles semblaient immobiles. Un homme et une femme étaient assis à une table minuscule. Deux adolescents, un garçon et une fille, étaient étendus sur le sol, une partie de cartes interrompue entre eux, et les autres, deux hommes et une femme, semblaient s'être immobilisés entre deux pas. La terreur se lisait sur le visage de chacun.

David entendit quelqu'un frapper sur le mur derrière lui, de même que les voix étouffées d'hommes. En se tournant pour regarder, il remarqua la présence d'une jeune fille qui lui avait échappé auparavant. Elle était mince avec des traits plutôt prononcés ; ses cheveux bouclés couleur d'ébène allaient de pair avec ses yeux noirs particulièrement brillants. Elle devait avoir dans les douze ou treize ans et portait une robe de coton bleu délavé qui s'harmonisait au décor plutôt défraîchi.

David comprit pourquoi il ne l'avait pas aperçue. C'est qu'elle se tenait tout à côté de lui, si près que sa présence lui avait échappé. La jeune fille ne bougeait pas non plus, nota David. Mais dès qu'il croisa son regard, elle leva très lentement un doigt vers ses lèvres.

Les coups dans le mur semblaient suivre un schéma quelconque, provenant d'abord du haut du mur, puis du milieu et enfin à ras du sol. Les voix étouffées se déplaçaient ensuite vers la droite et les coups reprenaient alors. En haut, au centre, en bas. Durant presque cinq minutes entières, David demeura immobile, écoutant les bruits qui provenaient de l'autre côté du mur.

L'une des voix cria quelque chose d'inintelligible et ils entendirent plusieurs personnes se mettre à courir. À ce moment précis, la femme assise à la table tendit la main pour saisir celle de l'homme. Les deux fermèrent les yeux. À l'exception de la jeune fille qui avait porté un doigt à sa bouche, David ne vit aucun autre mouvement de la part de chacun d'eux.

Après ce qui sembla une éternité, les coups dans le mur cessèrent. Il n'y eut plus personne qui courait, plus aucune voix, seulement le silence si tendu dans cette petite pièce. Et personne n'osa bouger durant une bonne minute, puis deux. Finalement, l'homme à la table respira profondément et il poussa un énorme *ouf.* « *Het is oke nu allemaal*, dit il, tout va bien maintenant, tout le monde. » Après cela, les gens dans la pièce secouèrent la tête et reprirent doucement leurs conversations les uns avec les autres.

« Nous l'avons échappé belle, je pense, dit l'adolescent étendu sur le sol. S'ils avaient eu des chiens… » Il laissa cette possibilité flotter dans l'air sans terminer sa phrase.

Une femme plutôt grande, les cheveux noués serrés en un chignon derrière la tête se mit à pleurer doucement. « Je t'en prie, Petronella, lui dit son mari, en l'entourant de ses bras, nous sommes en sécurité maintenant. Shhh… Ne pleure pas. » Il se tourna vers le garçon et il dit sévèrement : « Peter, cesse de parler de ce qui aurait pu arriver. Tu as bouleversé ta mère et la plupart des autres aussi, je suppose. Je ne veux plus rien entendre au sujet des chiens. »

« Je ne faisais que mentionner… », commença Peter.

« Oui, interrompit l'homme, et je t'ai dit que c'était assez ! »

David observa l'homme accompagnant sa femme vers une pièce étroite sur la gauche. Avant que la porte se ferme, il aperçut un matelas sur le sol et une pile de revues de vedettes de cinéma. La jeune fille tira doucement David dans un coin et lui murmura : « Restez ici pour l'instant, mais lorsque je quitterai la pièce, suivez-moi. » Elle s'avança vers le couple assis à la table. L'homme avait l'air plutôt fatigué et bien que ses vêtements soient usés, il était frais rasé, à l'exception d'une mince moustache. Le peu de cheveux qui lui restaient sur la tête avaient été soigneusement coiffés. David trouva qu'il avait un air distingué. La femme assise en face de lui, les cheveux en chignon tout comme l'autre femme, était d'une pâleur cadavérique, comme si elle avait été récemment très malade. Néanmoins, elle sourit quand la jeune fille s'approcha.

« Papa, dit la jeune fille, puis-je avoir la permission d'aller là-haut ? »

L'homme sourit : « C'est le temps de te retrouver à nouveau seule, non ? »

« Oui, papa. »

« Alors, bien sûr que tu peux y aller », ajouta-t-il. Elle lança un regard en direction de David et se dirigea résolument vers une cage d'escalier à l'arrière de la pièce. Voyant qu'elle avait atteint le bas des marches, le père ajouta, sans sourire cette fois : « Anne. »

Elle s'arrêta pour se retourner. « Attention de ne pas te montrer à la fenêtre. »

« Bien sûr, papa », dit-elle en hochant la tête et, sans faire de bruit, elle disparut dans l'escalier.

David courut rapidement à sa suite, soucieux de ne bousculer personne sur son passage. Empruntant les marches, il aperçut la jeune fille qui lui faisait signe de se dépêcher. L'escalier semblait monter jusqu'au plafond, mais comme David le comprit bientôt, il y avait une trappe qui s'ouvrait, donnant accès au grenier.

Dès qu'ils furent à l'intérieur, la jeune fille referma l'entrée et dit : « Je suis si heureuse de vous rencontrer que j'en ai le souffle coupé ! » Elle joignit aussitôt les mains sans faire de bruit. « C'est tellement palpitant, vous ne trouvez pas ? »

« Oui », dit David, souriant devant autant d'enthousiasme. Il jeta un coup d'œil autour de lui : pas un meuble, ni carton, ni rien d'autre dans ce grenier, excepté la poussière et la saleté. « Je suppose que *palpitant* est le mot qui convienne, en effet. »

« Je vous attendais, le saviez-vous ? dit-elle. C'est par un rêve que je l'ai su. Je connais même votre nom. C'est monsieur Ponder. Je vous ai écrit une note ce matin même. Devrais-je aller la chercher maintenant ? »

« Non, non, répondit David en riant. Il te faut ralentir un peu. Je me trouve désavantagé par rapport à toi du fait que je ne sais même pas où je suis. »

« Eh bien, vous êtes à Amsterdam », répliqua la jeune fille. Elle prit la main de David pour le tirer près d'une fenêtre. « Venez, dit-elle en souriant légèrement, je vais vous faire visiter la ville. »

À l'autre bout du grenier vide, il y avait une large fenêtre à neuf panneaux. Trois des panneaux étaient séparés des six autres par une colonne de briques. La fenêtre elle-même était sale, presque aussi grise que le grenier. « Est-ce là la fenêtre dont ton père t'a rappelé de ne pas t'approcher ? »

« Oui, oui, dit-elle en hochant la tête, mais on peut y jeter un coup d'œil en se tenant là au centre. » Elle se mit alors sur ses mains et ses genoux et s'exclama impatiemment : « Vous aussi ! Allez ! »

David se mit alors sur ses mains et ses genoux et suivit la jeune fille jusqu'à la fenêtre, où elle l'attendait sous le rebord. Lorsqu'il l'eut rejointe, il se retourna pour s'asseoir sur le plancher, dos au mur. Elle s'assit aussi en repliant ses jambes sous elle et appuya son épaule droite contre le plâtre sale. Tandis qu'il essayait de trouver une position confortable, David dit : « J'ai entendu ton père t'appeler Anne. »

« Oui, répondit-elle, et le nom de ma sœur est Margot. Elle est d'un naturel tranquille. C'est elle qui jouait aux cartes avec le garçon en bas. Son nom est Peter, Peter van Daan.

« Quel est ton nom de famille ? » demanda David.

« Frank, répondit-elle simplement. Le nom de mon papa est Otto et celui de ma mère, Edith. Les parents de Peter sont monsieur Herman et madame Petronella. C'est elle qui pleurait tout à l'heure. En fait, elle pleure tout le temps. L'autre homme que vous avez vu est le Dr Dussel. Vous l'avez bien vu, n'est-ce pas ? Il était assis sur le plancher près de la porte de ma chambre, mais bien sûr, vous ne savez pas où se trouve ma chambre, alors peut-être ne l'avez-vous pas vraiment aperçu. De toute manière, il n'est pas vraiment médecin, mais plutôt dentiste… »

David n'était plus certain depuis combien de temps Anne parlait. Il ne l'écoutait pas vraiment en réalité. Les pensées et les émotions se bousculaient dans sa tête. *Anne Frank,* pensa-t-il. *Anne Frank ! C'est la jeune fille dont j'ai lu le journal au collège.*

« ... alors Peter l'a amené avec nous », continua Anne, ignorant le regard perplexe sur le visage de son hôte. « Mouschi est merveilleux, bien que pas aussi adorable que mon propre chat, Moortje, qui est resté chez nous. Mouschi est noir comme le charbon. Moortje, d'un autre côté... »

Je me trouve dans l'annexe, se dit David. L'annexe, comme il le savait déjà, était un endroit secret comprenant plusieurs pièces reliées ensemble à l'arrière d'un entrepôt. Anne et sa famille étaient des Juifs hollandais qui y avaient vécu cachés durant l'occupation nazie de la Hollande.

« ... ne croyez-vous pas ? » dit Anne, en regardant David directement, attendant à l'évidence qu'il lui donne une réponse.

David fut surpris par la pause dans le babillage incessant de la jeune fille. Il était si captivé par le décor qu'il n'avait pas écouté du tout. « Je regrette, pourrais-tu répéter ? » demanda-t-il, un peu confus.

« J'ai dit, répondit Anne très lentement, que je trouve Peter plutôt beau garçon, ne croyez-vous pas ? »

« Peter ? dit David en fronçant les sourcils. Ah oui, le garçon que j'ai aperçu en bas, d'accord. Oui, il est beau ! »

« Je lui permets de m'embrasser à l'occasion. Sur la joue, bien sûr. »

« Bien sûr, répéta David d'un air sérieux. Anne, ajouta-t-il pour tenter de changer le sujet, depuis combien de temps êtes-vous ici ? »

« Un an et quatre mois », répondit-elle rapidement.

« Sais-tu quelle est la date d'aujourd'hui ? »

« Certainement. C'est jeudi, le 28 octobre 1943. Nous sommes entrés dans cet endroit pour nous y cacher l'année dernière, le premier dimanche de juillet, le 5 du mois, en fait. » Anne leva les yeux vers la fenêtre au-dessus. « Personne d'entre nous n'est sorti d'ici depuis un très long moment. »

« Comment faites-vous pour la nourriture ? »

« Miep. »

« Qui est… »

« Miep est la secrétaire de papa. Elle continue de venir travailler à l'entrepôt chaque jour. Quand tout le monde a quitté à la fin de la journée, elle et son mari, Henk, déplacent la bibliothèque dans la salle de comptabilité et ils empruntent la porte qui est dissimulée derrière. »

« Anne, continua David, quand je suis arrivé… »

« Ah oui, l'interrompit Anne, c'était si terrifiant ! Vous êtes apparu directement devant moi et j'étais la seule à vous voir. Est-ce que ça vous était déjà arrivé ? Est-ce que c'est douloureux ? »

David sourit malgré la contrariété d'avoir été interrompu. Il se disait qu'il était normal qu'elle ressente autant d'excitation. Après tout, avoir une nouvelle personne avec qui discuter devait être plutôt palpitant après seize mois. « Oui, ça m'est arrivé auparavant, et non, ça n'a rien de douloureux. » David avança la main pour toucher le bras de la jeune fille en essayant de poser sa question à nouveau. « Anne, lorsque je suis arrivé, d'où et de qui provenaient ces coups sur le mur ? »

« Des soldats nazis, répondit-elle. Papa les appelle la Gestapo. Il dit qu'ils sont vêtus de noir. C'est la deuxième fois qu'ils viennent à ce jour. Nous restons bien tranquilles et après un moment, ils s'en vont. » Elle se tourna et se mit sur ses genoux, en se relevant prudemment pour jeter un œil dans le coin de la fenêtre.

« Si vous faites comme moi, vous apercevrez presque tout Amsterdam. »

David se leva et glissa un œil dans le coin opposé. À sa gauche, il aperçut un gigantesque châtaignier qui devait s'élever à plus de trente mètres de hauteur, projetant son ombrage de fin de journée sur la fenêtre du grenier. Un clocher trônait majestueusement de l'autre côté de la rue. Ses flèches et ses pignons constituaient le véritable joyau de la cité.

« C'est la Westerkerk, dit Anne, en faisant référence au clocher. Quand je me couche ici, je peux voir le mouvement des aiguilles de l'horloge. » Anne s'étendit de tout son long sur le plancher. « Allez, couchez-vous, dit-elle. Venez voir par vous-même. »

David se plaça juste à côté de la jeune fille et il leva les yeux. Il aperçut alors l'horloge de la tour Westerkerk, comme si elle avait été centrée parfaitement dans le cadre de la fenêtre par la main divine. Il était tout près de dix-huit heures, nota-t-il. David se tourna vers Anne en train de fixer intensément l'horloge et il pensa à sa propre fille. Elle et Anne étaient à peu près du même âge. Il essaya d'imaginer Jenny dans une situation similaire. Que ferait-elle ? Comment réagirait-elle ? Et d'ailleurs, comment réagirait-il, lui ? »

« À quoi penses-tu, au juste ? » demanda doucement David.

« À l'horloge, répondit Anne. Il y a des fois où je lui demande d'accélérer son mouvement et d'autres fois où je souhaiterais vraiment la voir ralentir. Mais elle ne m'écoute jamais. Elle ne change jamais. »

David sursauta en entendant des coups de sifflet et des voix fortes, menaçantes, briser le silence qui régnait dans la rue, quatre étages plus bas. Anne ne bougea pas et continuait à contempler l'horloge. « Que se passe-t-il ? » demanda David.

« C'est une rafle, répondit Anne, sans aucune émotion. Ils rassemblent des Juifs. Cela me fait toujours penser à mes amis. Je n'ai aucune idée de ce qu'ils sont devenus. » Pour un long moment, elle demeura en silence, pensive. David ne dit pas un mot. Puis, elle le regarda directement dans les yeux : « Tout le monde est mis aux arrêts et conduit dans des camps. Le saviez-vous ? Les Allemands prétendent que les Juifs y travaillent et y vivent confortablement, mais ce n'est pas la vérité. »

David choisit ses mots avec soin. « Comment sais-tu cela ? »

Anne haussa les épaules. « Nous le savons, c'est tout, répondit-elle. Les lettres sont censurées, évidemment, mais à l'occasion la vérité éclate. Miep a reçu une carte postale d'un ami qui disait que la nourriture était bonne et les conditions superbes, mais à la fin du message, il a écrit : "Transmets mes salutations à Ellen de Groot." » Elle fit une pause. « Les mots étaient écrits en hollandais, bien sûr. Les censeurs allemands ne savaient pas que le mot *ellende* signifie "misère" et que *groot* veut dire "terrible". Son intention était de nous envoyer le message que la misère là-bas était terrible. »

Tout à coup, l'horloge de la Westerkerk se mit à sonner. Le marteau frappa six fois le rebord de la gigantesque cloche pour marquer le temps. Comme nous nous trouvions à une vingtaine de mètres, Anne couvrit ses oreilles de ses mains et sourit à David, qui faillit avoir une attaque lorsque le carillon se mit à résonner.

« Le son est un peu trop fort », dit Anne en gloussant, ironique.

David sourit : « Heureux que ça te fasse rigoler, dit-il. J'ai eu peur que ma tête se détache de mes épaules ! Comment faites-vous pour dormir dans un boucan pareil, le jour et la nuit ? »

« En réalité, précisa Anne, nous n'y faisons presque plus attention maintenant. Mme Petronella est la seule à émettre un commentaire à ce sujet à l'occasion. Papa répète que la cloche est une bonne chose pour elle parce que cela lui fournit une raison de se plaindre à chaque heure de la journée ! »

David éclata de rire. « Et toi ? demanda-t-il. De quoi as-tu l'habitude de te plaindre ? »

« Je ne le fais jamais, répondit-elle. Papa affirme que se plaindre est une activité, tout comme le fait de sauter à la corde ou d'écouter la radio sont des activités. Chacun a le choix d'ouvrir ou non la radio, comme bon lui semble. On a le choix de se plaindre ou de ne pas le faire. Je choisis de ne pas me plaindre, c'est tout. »

David contempla la fillette en silence durant un moment, puis il dit : « Loin de moi l'idée de questionner ce que ton père t'a enseigné, mais as-tu bien regardé autour de toi ? Ce sont là des conditions de vie plutôt difficiles pour quiconque et encore plus pour une jeune fille de ton âge. Comment peux-tu *ne pas* te plaindre ? »

Anne pencha sa petite tête de côté, comme si elle avait de la peine à comprendre. Déplaçant une boucle de ses cheveux tombée sur ses yeux, elle dit patiemment : « Notre vie est façonnée par les choix que nous faisons, monsieur Ponder. Nous faisons des choix d'abord. Puis, ces choix font de nous qui nous sommes.

« Les conditions sont difficiles, vous trouvez ? Bien sûr, une personne ingrate pourrait considérer que l'endroit est trop exigu pour loger huit personnes, que le choix des aliments est limité et les portions trop maigres, sans parler du fait d'avoir seulement trois robes à partager entre deux jeunes filles. Mais la gratitude est également un choix. Je vois ici une annexe logeant huit personnes, alors que des tas d'autres sont entassées dans des wagons de marchandises. Je vois les repas qui nous sont si généreusement fournis par Miep, les membres de sa famille utilisant leurs bons de ravitaillement pour que nous ne mourions pas de faim. Je vois une robe en surplus pour ma sœur et moi, tandis qu'il y a sans doute des tas d'autres jeunes filles qui n'ont plus rien à se mettre sur le dos. Je choisis de me montrer reconnaissante. Je choisis de ne pas me plaindre. »

David était émerveillé par la maîtrise dont Anne faisait preuve. Il ramena une de ses jambes sous l'autre, en tailleur, et secoua la tête, comme pour enlever des toiles d'araignée. « Es-tu en train de me dire honnêtement que tu es toujours de bonne humeur ? »

Anne avait aussi replié les jambes, pour faire comme David. Replaçant sa robe pour couvrir ses genoux, elle éclata de rire. « Bien sûr que non, imbécile ! Mais lorsque cela m'arrive d'être de mauvaise humeur, je choisis alors d'adopter plutôt une attitude joviale. En fait, c'est là le premier choix que je fais chaque jour. Je me regarde dans le miroir et je me dis tout haut : "Aujourd'hui, je vais choisir d'être heureuse !" Je me souris et je ris aussi, même quand je suis triste. Je répète simplement : "Ha, ha, ha, ha !" Et tout de suite après, je suis heureuse, exactement comme j'ai choisi. »

David secouait la tête d'émerveillement. « Tu es une jeune fille plutôt exceptionnelle, mademoiselle Frank. »

« Je vous remercie du compliment, dit Anne. C'est aussi un choix de ma part. »

David se pencha en avant. « Vraiment ? dit-il, en relevant les sourcils. Tu me confonds. Explique-moi. »

« Ma vie – ma personnalité, mes habitudes et même ce que je dis – est le résultat des livres que je choisis de lire, des gens que je choisis d'écouter et des pensées que je choisis de tolérer dans ma tête. Avant la guerre, quand je n'étais encore qu'une petite fille, mon papa m'a emmenée au parc Het Vondel, un samedi après-midi, pour y entendre un orchestre. À la fin du concert, derrière les musiciens, une centaine de ballons rouges, bleus, jaunes et verts gonflés à l'hélium se sont envolés dans le ciel. C'était si excitant !

« J'ai tiré sur la manche de papa pour lui demander : "Papa, quelle couleur de ballon montera le plus haut ?" Et il m'a répondu : "Anne, ce n'est pas la couleur du ballon qui compte, c'est ce qu'il y a à l'intérieur qui fait la différence." »

Anne fit une pause, le grenier se remplissant alors de son silence. Elle semblait si captivée dans ses pensées que David retint son souffle. Puis, elle regarda David directement dans les yeux, releva le menton et ajouta : « Monsieur Ponder, je ne crois pas que le fait d'être Juive, Aryenne ou Africaine compte vraiment dans ce que nous pouvons devenir. La grandeur ne fait pas de différence entre fille ou garçon. Si c'est ce que nous sommes à l'intérieur qui compte vraiment, alors ce qui nous différencie est ce que nous choisissons de laisser pénétrer à l'intérieur de nous. »

Anne se tourna et regarda en direction de l'horloge à nouveau. David ne s'était pas rendu compte que la pénombre régnait maintenant dans le grenier et que seul le reflet provenant de la tour de Westerkerk lui permettait de voir le visage d'Anne. « Je dois bientôt me préparer pour le repas du soir, dit-elle. Venez avec moi dans ma chambre, j'ai rédigé quelque chose pour vous. »

David suivit Anne à travers la trappe dans le plancher du grenier, puis dans l'escalier jusqu'à l'espace où tout le monde vaquait à ses occupations. « Le repas sera bientôt servi, ma chérie », lui dit sa maman, alors que tous deux passaient devant elle. « Encore cinq minutes, pas plus. »

Anne conduisit David à une porte située à la droite de la cage d'escalier. Tandis qu'ils y entraient, refermant la porte derrière eux, David constata que la pièce était à peine plus grande qu'un placard. Un petit matelas reposait sur le sol avec deux piles de livres à côté du seul oreiller. « Margot et moi partageons cette chambre, expliqua Anne. L'endroit est restreint, mais nous respectons l'intimité l'une de l'autre. »

David ne voyait pas comment quiconque pouvait avoir un peu d'intimité dans une pièce si petite. Sur le mur au pied du lit était suspendue une robe blanche toute simple. L'ourlet, les manches et le collet étaient brodés dans un motif fait de petites fleurs rouges. Au-dessus de la tête du lit se trouvaient quelques photos découpées dans des magazines et des journaux et qui avaient été collées au mur. Désignant le montage, David demanda : « Sont-elles à toi ou à ta sœur ? »

« Elles sont à moi, répondit Anne en souriant de toutes ses dents. Elles sont jolies, ne trouvez-vous pas ? »

David s'approcha. Il y avait une photo de Greta Garbo et une autre de Ginger Rogers. Une reproduction de la tête du David de Michel-Ange trônait au-dessus de la photo d'une maison de campagne. À gauche se trouvait un cliché noir et blanc d'une rose que quelqu'un avait colorée en rose et une grande photo de chimpanzés en train de prendre le thé. Éparpillées sur le mur se trouvaient plusieurs images de petits bébés, tous plus adorables les uns que les autres. « Oui, ces photos sont jolies, dit David. Que représentent-elles, au juste ? »

« Mon avenir, murmura Anne, en tendant la main pour toucher la photo de la rose. Ce sont là les gens dont j'aimerais faire la connaissance, les endroits que j'aimerais visiter et les choses que je désire dans ma vie. Du rire, de l'amour et une maison avec un mari – Peter peut-être – et beaucoup de bébés. » Des larmes apparurent dans ses yeux.

David posa la main sur la tête de la jeune fille, l'attirant à lui. Anne mit ses bras autour du cou de David tandis qu'il s'agenouillait devant elle. Anne laissa couler sa peine en reniflant, de grosses larmes roulant aussi sur les joues de David. Il ressentait une telle admiration pour cette enfant. Son courage et sa sagesse lui semblaient ceux d'une personne qui avait vécu une vie entière déjà. D'une certaine manière, il savait que c'était le cas.

Anne se dégagea pour s'essuyer les yeux sur la manche de sa robe. « Je suis désolée, dit-elle. Je ne voulais pas vous mettre mal à l'aise. »

« Je n'étais pas du tout mal à l'aise, répliqua David, en s'essuyant les yeux aussi. Tu me rappelles ma propre fille. Son nom est Jennifer. Nous l'appelons Jenny. Elle a à peu près ton âge et je crois que vous êtes les deux plus jolies filles que j'aie jamais rencontrées. »

Anne rougit. « Merci pour ce compliment. » Elle se tourna vers le mur de nouveau et tendit la main pour toucher une seconde fois la photo de la rose. « Est-ce que je peux vous poser une question ? » dit-elle.

« Certainement », répondit David.

« Si Jenny était ici à ma place, croyez-vous qu'elle serait effrayée ? »

David sentit le sang lui monter à la tête. « Je pense qu'elle serait probablement effrayée, en effet, Anne. Et toi, l'es-tu ? »

Anne baissa le bras et joignit les mains devant elle. Un bref instant, elle dirigea son regard vers David, puis le ramena sur les photos. « Parfois, dit-elle. Mais le plus souvent, je choisis de ne pas l'être. Papa dit : "La peur est un ciseau médiocre avec lequel se tailler un futur." »

Anne se tourna pour faire face à David. « J'aurai un avenir, monsieur Ponder. Margot et madame Petronella se moquent souvent de moi. Elles m'appellent Pollyanna. Elles disent que je vis dans un monde imaginaire et que je ne fais pas face à la réalité.

Ce n'est pas vrai. Je sais que la guerre est horrible. J'ai compris que nous courons un terrible danger en étant ici. Je ne nie pas la réalité de notre situation. Ce que je conteste, c'est sa finalité. Tout ceci va aussi passer. »

Anne se pencha pour prendre quelque chose sous le matelas. Elle en sortit un livre à la couverture rigide recouverte de tissu en damier, à carreaux rouges et orange. « C'est mon journal, expliqua-t-elle. Papa me l'a offert pour mon anniversaire, le douze juin. » Elle en parcourut les pages rapidement jusqu'à ce qu'elle ait trouvé ce qu'elle cherchait. « Voilà pour vous », dit-elle, en arrachant délicatement quelques pages du petit journal.

David prit les pages qu'elle lui tendit et la regarda replacer ce qu'il savait être l'œuvre de sa vie sous le matelas sale. « Je te remercie, Anne. »

Elle se tint, un peu embarrassée, devant lui pour un long moment. « Pouvez-vous dire à votre fille Jenny que je lui dis bonjour ? »

David sourit. « Oui, je le ferai. »

Anne fit une pause à nouveau. « Je dois aller manger, dit-elle. Serez-vous parti quand je vais revenir ? »

« Oui. »

« Alors, gardez-moi dans vos souvenirs, dit Anne, en souriant. Je ne vous oublierai pas. Mais plus important encore, nous devons nous rappeler tous deux que la vie est un privilège en soi et que vivre pleinement sa vie est avant tout une question de choix ! »

Sur ces mots, Anne serra David dans ses bras et quitta rapidement la pièce en fermant doucement la porte derrière elle. David s'assit sur le matelas et leva les yeux vers les images sur le mur. Durant plusieurs minutes, il écouta les conversations à voix basse des Frank et de leurs amis durant le repas. Puis il disposa sur ses genoux les pages qu'Anne lui avait remises. Il avait vraiment le sentiment que ces mots allaient transformer sa vie. Il y avait quatre petites pages rédigées au crayon par la main d'une jeune fille.

La cinquième décision en vue de la réussite

Aujourd'hui, je vais choisir d'être heureuse.

À partir de maintenant, je serai une personne heureuse, car je comprends véritablement le concept du bonheur désormais. Rares sont ceux et celles qui, avant moi, ont été capables de saisir la vérité entourant la loi physique permettant à quelqu'un de goûter le bonheur jour après jour. Je sais maintenant que ce bonheur n'a rien d'une émotion passagère et fugace, flottant çà et là au gré de sa fantaisie dans ma vie. Le bonheur est un choix. Le bonheur est le fruit de certaines pensées et de certains gestes qui entraînent une réaction dans mon organisme. Cette réaction se caractérise par un état d'euphorie qui peut paraître hors d'atteinte pour certains, mais qui s'avère entièrement sous mon contrôle.

Aujourd'hui, je choisis d'être heureuse. Je vais accueillir chaque journée en riant.

Dès le moment de mon réveil, je vais rire durant sept secondes. Même après si peu de temps, l'enthousiasme aura commencé à se répandre un peu partout dans mes veines. Je me sentirai différente. Je suis différente ! Je suis enthousiaste face à ce jour qui m'est offert. Je suis ouverte à toutes les possibilités qu'il recèle. Je suis heureuse !

Le rire est l'expression physique concrète de l'enthousiasme et je sais que l'enthousiasme est le carburant qui transforme le monde. Je ris tout au long de la journée. Je ris quand je suis seule et je ris quand je suis en conversation avec les autres. Les gens sont attirés à moi parce que j'ai la joie dans mon cœur. Le monde appartient à ceux et celles qui sont enthousiastes, car les gens auront envie de les suivre partout !

Aujourd'hui, je choisis d'être heureuse. Je vais sourire à chaque personne que je croiserai.

Mon sourire est devenu mon point fort. Après tout, c'est là l'arme la plus puissante que je possède. Mon sourire a le pouvoir de créer des liens avec autrui, de briser la glace et de calmer les tempêtes. Je vais utiliser mon sourire dès que j'en ai l'occasion. À cause de mon sourire, les gens avec qui j'entre en contact au quotidien vont choisir de m'apporter leur aide et de suivre ma direction. Je serai toujours la première à sourire. Cette démonstration particulière d'une bonne attitude indiquera aux autres ce à quoi je m'attends en retour.

Mon sourire est la clé de mon état émotionnel. Un sage a dit, un jour : « Je ne chante pas parce que je suis heureux ; je suis heureux parce que je chante ! » Lorsque je choisis de sourire, je deviens alors maître de mes émotions. Le découragement, le désespoir, la frustration et la peur vont toujours s'évanouir lorsque confrontés à mon sourire. Le pouvoir de ce que je suis est démontré chaque fois que je souris.

Aujourd'hui, je choisis d'être heureuse. J'ai hérité d'une attitude de profonde reconnaissance.

Dans le passé, j'ai eu tendance à connaître le découragement dans certaines situations en particulier, jusqu'à ce que je compare la condition de ma vie à celle d'autres gens moins fortunés. Tout comme une brise fraîche chasse la fumée environnante, ainsi un esprit reconnaissant chasse les nuages du désespoir. Il est impossible aux semences de dépression de prendre racine dans un cœur reconnaissant.

Mon Dieu m'a accordé de nombreux dons pour lesquels je veux me rappeler d'être reconnaissante. Trop souvent, j'ai offert la prière du mendiant, réclamant toujours davantage et oubliant d'exprimer ma gratitude. Je ne souhaite pas être perçue comme une enfant gâtée, ingrate et irrespectueuse. Je suis reconnaissante de voir, d'entendre et de respirer. Si jamais la vie m'apportait des bénédictions supplémentaires en abondance, je serai alors remplie de gratitude pour un tel miracle.

Je veux accueillir chaque jour en riant. Je vais sourire à chaque personne que je croise. J'ai hérité d'une attitude de profonde reconnaissance.

Aujourd'hui, je choisis d'être heureuse.

Chapitre huit

David termina la lecture du mot qu'Anne avait rédigé à son intention en essuyant une larme s'attardant sur son menton. Il cligna des yeux, replia les pages, les glissa dans la blague à tabac qu'il plaça dans sa poche avant de se relever. Il tendit la main vers l'image de la rose qu'Anne avait collée au mur. Avec le doigt, David suivit la tige depuis le bas de la photo jusqu'au milieu. Touchant la fleur, il sourit au contact de la cire du crayon rose utilisé pour colorier l'image en noir et blanc.

Lentement, la fleur commença à se déformer. Les extrémités de l'image devinrent floues et la corolle se mit à battre comme un cœur. David retira rapidement sa main et s'essuya les yeux. Se servant de son coude gauche et de son avant-bras, il cherchait à garder son équilibre en s'appuyant contre le mur. Il sentit un léger vertige durant un bref moment puis le malaise disparut aussitôt.

Ouvrant les yeux, David examina la photo de nouveau. Elle était toujours un peu floue mais semblait retrouver sa précision peu à peu. Il cligna des yeux et avança son visage à quelques centimètres de la fleur. Enfin ! Il voyait tout parfaitement. Il put observer les pétales de la rose si distinctement, avec une telle précision, qu'ils semblaient avoir de la profondeur. Timidement, sans même bouger le visage, David leva la main droite vers la photo et d'un doigt, il toucha la rose. Estomaqué, David en eut le souffle coupé tout à coup. La rose était réelle.

Il resta immobile durant quelques secondes. Tournant les yeux dans une autre direction, David s'aperçut que son bras gauche était maintenant appuyé contre un vieux bureau. Éloignant la tête de la rose, il constata qu'elle se trouvait dans un vase de cristal tout simple à l'extrémité du bureau. À côté de la rose étaient disposés un pichet rempli d'eau et quatre verres. David se mit debout et jeta un coup d'œil autour de lui. Il se trouvait dans une pièce quelconque… non, plutôt dans une tente. C'était une tente plutôt vaste, nota-t-il, faite de canevas blanc, couvrant un espace d'environ cinq à sept mètres. Le sol était couvert d'herbe morte et, à l'exception du bureau et de trois chaises de bois ordinaires, la tente était vide.

Entendant de l'activité à l'extérieur, David s'approcha du rabat refermé à l'entrée de la tente. Délicatement, il tassa le canevas de la porte de quelques centimètres. À environ vingt-cinq mètres plus loin, il vit une plateforme ou une estrade de fortune, ainsi qu'un homme seul se tenant derrière un podium. Il regardait dans la direction opposée à la tente et s'adressait à des milliers de personnes. David aperçut des chevaux sellés, des carrioles et des chariots dispersés çà et là parmi la foule. Plusieurs personnes se tenaient sous des parasols pour se protéger du soleil et étaient assises sur des édredons étendus à même le sol ou sur leur chariot.

David vit que la tente et l'estrade se trouvaient sur une colline entourée de grands arbres. Comme ils n'avaient plus de feuilles pour la plupart et que le temps semblait un peu frais, même dans la tente, David en conclut qu'il avait été transporté à cet endroit en octobre, ou peut-être en novembre. De toute manière, c'était assurément l'automne, comprit-il, et à en juger par la position du soleil, il devait être tout près de midi.

Derrière la foule, David aperçut des champs et, çà et là, des terres recouvertes de forêt qui s'étendaient à perte de vue depuis son poste d'observation. Les collines et les pâturages qu'il voyait inspirèrent à David un sentiment étrange. L'endroit lui semblait étonnamment familier, bien qu'il ne puisse savoir comment ni pourquoi.

Peut-être, pensa-t-il, *l'orateur détient-il la clé de la raison pour laquelle je me retrouve ici.* Tournant de nouveau son attention en direction de l'estrade, David observa que l'homme semblait, de dos, être très élégamment vêtu. Il portait des pantalons gris couvrant des bottes noires cirées, et un haut collet blanc s'élevait dans son dos au-dessus d'une redingote noire. Ses cheveux gris flottaient au vent, ajoutant à son apparence distinguée.

L'homme semblait un orateur de grande classe. David nota comment il arpentait l'estrade et faisait des gestes dramatiques avec ses mains. Ses auditeurs semblaient complètement subjugués. Ils avaient éclaté de rire à deux reprises déjà durant le bref moment où David avait jeté un coup d'œil par la porte de la tente. Il n'arrivait pas à bien entendre l'exposé de l'orateur car il n'y avait ni microphone, ni système d'amplification d'aucune sorte ; et comme l'homme lui tournait le dos, David n'arrivait qu'à capter un mot ici et là.

Soudain, la foule fit entendre un long tonnerre d'applaudissements. David regarda attentivement tandis que l'orateur retournait vers le podium, qui se trouvait à sa droite et légèrement en retrait derrière lui à ce moment. Alors que l'homme attendait que l'ovation cesse, David eut l'occasion de voir clairement de quoi il avait l'air. Sa chevelure encadrait un visage fraîchement rasé. Ses sourcils étaient en broussaille, son nez et ses oreilles légèrement disproportionnés par rapport à sa tête. David ne le reconnut pas du tout.

Déçu et un peu confus, David revint dans la tente. Durant un temps indéterminé, il resta là à se demander où il était et qui était l'individu qu'il avait vu sur l'estrade. *Est-ce là la personne que je suis venu rencontrer ?* se demanda-t-il. Il aperçut une chaise à côté du bureau et s'y laissa crouler lourdement. Se versant un peu d'eau dans un verre, il n'arrivait pas à se débarrasser du vague sentiment d'avoir un lien quelconque avec cet endroit.

À ce moment, dominant le flot du discours de l'orateur, David entendit la foule se mettre à murmurer. Durant près d'une demi-minute, le brouhaha de la foule noya complètement la voix de l'homme en train de parler sur l'estrade. David se leva de sa chaise et s'approcha rapidement de la porte de la tente. Avant même qu'il n'atteigne l'entrée, toutefois, il entendit le bruit des sabots de chevaux et le craquement du cuir de selles tout près, à l'extérieur. Des voix s'approchaient. David se déplaça vers un coin de la tente tout juste au moment où un homme pénétra à l'intérieur.

Âgé d'environ vingt-cinq ans, impeccablement vêtu d'un long manteau à collet relevé, le jeune homme avait les cheveux soigneusement séparés au milieu, et une fine moustache dessinait une ligne parfaite au-dessus de ses lèvres. Avec la prestance de quelqu'un qui a l'habitude de diriger, il traversa la tente directement vers le bureau. Il ouvrit chacun des tiroirs, inspectant soigneusement leur contenu avant de les refermer.

David le vit faire une courte pause quand il aperçut son verre d'eau. Le jeune homme prit le verre en faisant la moue. Il paraissait à l'évidence très contrarié. Secouant la tête d'un côté puis de l'autre par saccades, il apporta le verre à une extrémité de la tente pour en verser le contenu sur le sol. Étonnamment, pensa David, il déposa le verre vide dans une poche de son manteau et revint au bureau où il s'empressa d'examiner les autres verres et le pichet attentivement.

Saisissant le pichet, il examina son contenu avec beaucoup de soin. Il sentit ensuite l'eau durant une seconde ou deux. Finalement, il en versa un peu dans un des trois verres qui restaient sur le bureau et la goûta prudemment. Satisfait, il déposa *ce* verre dans l'autre poche de son manteau, porta avec soin le regard tout autour de la pièce, et il sortit.

David prit une longue respiration. À l'évidence, cette personne n'était pas celle qu'il était venu rencontrer. L'homme ne l'avait même pas aperçu, bien que sa présence fût facile à repérer. Avant même que David ait eu le temps de faire un geste, le rabat de la tente s'ouvrit de nouveau.

Se pliant presque en deux pour franchir la porte, un homme entra en tenant son chapeau sous son bras. Une fois que le rabat de la tente se fut fermé derrière lui, l'homme de grande taille se redressa, jeta un coup d'œil tout autour et il aperçut David. Il sourit et en deux pas rapides, il se tint devant lui, lui tendant la main. « Monsieur Ponder, n'est-ce pas ? » dit l'homme en lui faisant un clin d'œil.

David, éberlué, sentait que ses jambes allaient bientôt céder sous son poids. Il aurait aimé dire : « Oui, monsieur » ou « Je suis ravi de faire votre connaissance », ou n'importe quoi d'autre, mais il avait la gorge tellement sèche qu'il ne parvint pas à sortir un seul mot. Conscient de l'expression saugrenue sur le visage de l'homme toujours en train de lui tendre la main, David fit la seule chose qui lui semblait appropriée dans les circonstances. Il serra la main d'Abraham Lincoln.

« Je… Je suis vraiment honoré, monsieur », réussit-il à bredouiller.

« Tout l'honneur est pour moi, monsieur Ponder, répliqua le président. Après tout, c'est vous qui avez voyagé la plus grande distance pour cette occasion. »

Lincoln portait des gants blancs d'équitation qui contrastaient fortement avec ses vêtements noirs, ce qui faisait paraître ses mains encore plus grandes. Retirant ses gants, il s'approcha du bureau et, après les avoir déposés avec son chapeau à une de ses extrémités, il demanda : « Voulez-vous vous joindre à moi pour un léger rafraîchissement ? »

Voyant le président pointer vers le pichet d'eau, David accepta son offre et demanda : « Monsieur, où sommes-nous au juste ? »

Lincoln leva un de ses longs doigts, puis il versa à David un verre d'eau. S'en versant un également, il le but d'un seul trait, s'en versa un deuxième, puis il s'assit. « Tirez-vous une chaise », dit-il, en tirant la sienne de derrière le bureau.

Tandis que David s'assoyait, il observa le seizième président des États-Unis croiser les jambes au niveau du genou et détacher son haut collet empesé. Il était élégamment vêtu. Ses cheveux étaient coiffés, sa barbe soigneusement taillée, mais il affichait néanmoins une allure plutôt… eh bien, débraillée. David nota que le président semblait disproportionné à tous les niveaux sur le plan physique. Ses jambes, ses bras, ses mains et même son visage paraissaient trop grands. David sourit en lui-même en constatant qu'Abraham Lincoln avait exactement la même physionomie que celle qu'il avait aperçue sur des photos de lui.

La seule vraie surprise pour David, dans cette rencontre fortuite avec le président, était le ton de sa voix. Ce n'était pas la riche tonalité habituelle d'un baryton, comme dans les nombreux films qu'il avait vus, mais plutôt celle, très haute, d'un ténor.

Lincoln déposa son verre sur le bureau et il dit : « Voyager à dos de cheval me donne toujours très soif, bien que je sois généralement trop gêné pour boire en présence du cheval. Après tout, rigola-t-il, je ne suis pas le seul à avoir fourni les efforts ! » David se permit un rire poli. « Alors, monsieur Ponder, vous voulez savoir où nous sommes ? »

« Oui, monsieur, et je vous en prie, vous pouvez m'appeler David. »

« Merci », répondit Lincoln, en penchant légèrement la tête devant l'homme plus jeune. « David, je suis ici aujourd'hui pour deux raisons. La première est pour consacrer un cimetière. C'est, en passant, l'endroit où nous sommes maintenant… Gettysburg, en Pennsylvanie. »

Un frisson secoua le corps de David. « Et la date ? »

« Le dix-neuf novembre, mille huit cent soixante-trois. »

Ce n'est pas étonnant que cet endroit me paraisse familier, pensa David. *J'y suis venu, il y a quatre mois seulement. Où était-ce plutôt il y a une heure ?* Il secoua la tête pour chasser ses pensées. « Monsieur le président, vous avez mentionné deux raisons pour lesquelles vous êtes là. Quelle est la seconde ? »

Lincoln sourit : « Eh bien, pour faire ta connaissance, mon garçon. » Les yeux de David s'écarquillèrent. « Tu es certainement plus important que tous les commentaires que j'aurai pu échanger avec ceux qui sont venus m'entendre aujourd'hui. Ce cimetière concerne le passé. Mais tu es rattaché au futur ! »

David regarda ailleurs. « J'apprécie la confiance que vous me portez, dit-il, mais je ne suis pas certain qu'elle soit fondée. Pour l'instant, je souhaite simplement qu'il y ait un avenir pour moi. En réalité, je suis en train de traverser la pire période de ma vie. »

« Des félicitations sont de mise, alors ! Des jours meilleurs t'attendent donc, sans l'ombre d'un doute. » Le président souleva son verre d'eau et s'exclama : « À nous, deux hommes en train d'expérimenter le pire que la vie ait à offrir. »

David ne savait que répondre. Il se demandait si Lincoln était en train de le faire marcher ou non. « Je ne blague pas, vous savez », dit-il, en pesant ses mots.

« Oh, je peux t'assurer, ajouta Lincoln, le sourire un peu forcé, que moi non plus. » Il tendit le bras à sa droite vers l'extrémité du bureau et ramassa son chapeau, le tuyau de poêle noir si typique de l'homme sur les images gravées dans la mémoire de David. Pour une minute ou deux, Lincoln fit jouer ses doigts sur la large bande de soie. « Je traîne ce bout de tissu avec moi tous les jours en mémoire de Willie, mon petit garçon. Il est mort il y a à peine quelques mois. » Il respira longuement et poussa un soupir. « À présent, c'est mon garçon Tad qui est alité… il risque de mourir, lui aussi. Et comme tu peux bien le deviner, madame Lincoln n'était pas vraiment d'accord pour que je vienne ici aujourd'hui. »

« Pour quelle raison êtes-vous là, alors ? »

« Mon devoir. Et le fait que je savais que je pouvais prier pour mon fils en arpentant les pièces de la Maison-Blanche ou prier pour lui en continuant à vaquer aux tâches qui me sont assignées. J'ai l'assurance que le Tout-Puissant entend mes supplications, quel que soit l'endroit où je me trouve. Assurément, sa main peut agir à Gettysburg autant qu'à Washington. Je suis également persuadé que le bon Maître préfère me voir prier et travailler, plutôt que prier et attendre sans rien faire. »

Le président changea de position sur sa chaise et croisa les bras : « Tu sais, j'ai mentionné tout à l'heure que nous étions deux hommes en train d'expérimenter le pire que la vie ait à offrir. Cela m'apparaît vrai dans un sens restreint et d'un point de vue égoïste, mais je dois confesser ma propension à adopter des comportements qui servent souvent mes intérêts en priorité. En réalité, c'est sans doute là un de mes défis les plus fréquents dans la vie. Dans un sens plus large, toutefois, nous sommes tous les deux devant l'extraordinaire opportunité qui nous est offerte de transformer et d'améliorer notre personne. »

« D'améliorer notre personne ? Vous parlez de *croissance personnelle ?* Je ne suis pas certain de désirer davantage de croissance sur le plan personnel en ce moment », répliqua David.

« Bien sûr que non ! répondit Lincoln. Cela ne serait-il pas un choix trop facile à faire ? En fait, c'est le choix le plus populaire sur la planète. Le véritable enjeu auquel tu te trouves confronté, toutefois, dans ce moment très particulier de ton existence est le suivant : quel niveau de pouvoir personnel souhaites-tu atteindre ? »

David pencha la tête de côté. Confus, il dit : « Je suis un peu perdu, vous savez. Premièrement, en quoi la croissance personnelle a-t-elle quelque chose à voir avec le pouvoir ? Et deuxièmement, ne le prenez pas mal, mais je n'ai aucun intérêt dans toute forme de pouvoir de toute manière. »

Se penchant vers l'avant, Lincoln dit : « Mon cher Ponder… David, si cela est vrai, si tu n'as aucun intérêt pour le pouvoir, alors une somme considérable d'attention se trouve en train d'être gaspillée pour toi. Et une partie de cette attention l'est en ce moment même. »

David n'était pas certain de se sentir insulté ou non… Il voulut répondre. « Je ne suis pas celui que… »

Lincoln tendit le bras pour toucher le genou de David. Souriant patiemment, mais l'interrompant fermement, il dit : « David. » Ce dernier redevenu silencieux, le président s'appuya le dos à sa chaise. Ses deux yeux noirs fixés solidement sur David et le sourire toujours affiché sur son visage, il dit doucement : « Je t'invite à réfléchir un moment avec moi ici. La croissance personnelle assure généralement le pouvoir. Un certain niveau de croissance personnelle assurera à qui le veut l'acquisition d'habiletés nécessaires pour nourrir et vêtir sa famille. Il y a un autre niveau de croissance personnelle qui t'apportera un degré suffisant d'influence et de sagesse pour que tu sois considéré comme un leader. » Lincoln fit une pause. Il plongea directement son regard dans celui de l'homme plus jeune. « Mais pour réaliser de grandes choses, un pouvoir énorme est essentiel.

« Il ne faut pas avoir peur du pouvoir. Il faut plutôt l'accueillir comme un fruit précieux. Le pouvoir entre les mains de la bonne personne est comme un grand verre d'eau froide durant une journée chaude. Il rafraîchit toute personne avec qui il entre en contact.

« Vois-tu, certains individus n'aspirent qu'à un niveau de pouvoir qui leur permet de se tirer d'affaire personnellement. Aussi, il y a ceux qui cherchent à obtenir suffisamment de pouvoir pour rendre la situation de leur famille plus confortable, tout en étant disposés à faire profiter d'autres gens moins fortunés de la charité dont ils font preuve, tant que la partie de l'équation qui touche la croissance personnelle ne devient pas trop inconfortable pour eux. Toutefois, il y a aussi quelques rares sujets comme toi et moi, David, qui se sont mis à croire à l'idée saugrenue qu'ils avaient la capacité de changer les choses dans ce monde. Il nous faut donc cultiver la capacité d'ignorer ce qui est populaire pour faire plutôt ce qui est juste. Une personne peut atteindre le pouvoir de conduire des centaines de milliers de gens vers la terre promise de leurs rêves.

« Enfants, nous avions peur dans le noir. Maintenant que nous sommes devenus adultes, c'est de la lumière dont nous avons peur. Nous avons peur de sortir du nombre. Nous avons peur de nous démarquer par rapport à autrui. Mais comment saurons-nous diriger les autres vers une destination que nous n'avons pas atteinte nous-mêmes ? Poursuis ta quête, mon garçon. Je t'exhorte à chercher cette lumière qui te semble si loin, là-bas. Le voyage en vaudra largement la peine. Tu deviendras ainsi un phare de croissance personnelle et de puissance ; par ton exemple et ton leadership, tu aideras nombre d'hommes de valeur à ne pas voir leur vie s'écraser sur les rochers de la médiocrité. »

« Je comprends maintenant de quoi vous parlez, dit David, hochant la tête. Expliquez-moi comment assurer ma propre croissance, alors. Qu'est-ce qui est le plus important dans cette… cette quête ? »

« Eh bien, commença Lincoln, le fait de me questionner moi-même a toujours été révélatcur pour moi. »

« À quel sujet ? »

« À mon propre sujet. »

« Vous vous questionnez à votre propre sujet ? »

« Oui, dit le président, en riant. Au moins ainsi, je connais généralement toutes les réponses ! » Caressant sa barbichette du revers de la main, il continua. « Sérieusement, je me pose des questions du genre : “Comment les autres me perçoivent-ils ?” ou “Quelles sont les choses qu'ils n'aiment pas chez moi ?” De telles interrogations peuvent se révéler très éclairantes quand on s'examine avec honnêteté. Et lorsqu'on devient quelqu'un que les autres aspirent à fréquenter, on est alors devenu une personne d'influence. »

« Vous suggérez que je m'efforce de plaire toujours aux autres ? » demanda David.

« Pas nécessairement. Ce que je dis surtout est qu'il faut raboter continuellement les côtés rugueux qui te sont révélés dans ton apparence physique et tes actions, tels que tes manières ou ton langage. Évidemment, je continue de trouver un terrain fertile à la transformation de mon attitude.

« Mais tu ne plairas jamais à tout le monde, et ne décevoir personne ne devrait jamais être ton objectif prioritaire. Par exemple, chercher l'approbation de quelqu'un qui est paresseux ou jaloux est de jeter tes perles aux pourceaux. Tu découvriras que Dieu utilise rarement quelqu'un dont la préoccupation majeure est l'opinion des autres. »

« Vous sentez-vous inquiet parfois par ce que les autres disent à votre sujet ? » demanda David.

Le président se pencha rapidement vers l'avant, la mine préoccupée, tout à coup. « Pourquoi ? rétorqua-t-il. Que disent-ils au juste ? »

Voyant poindre l'inquiétude sur le visage de David, Lincoln se mit à rire à gorge déployée. « Mon cher David, j'ai hérité d'un réel cauchemar de la part du président Buchanan. Au moment où j'ai été investi à la présidence, sept États avaient déjà quitté l'Union et Jefferson Davis avait été nommé président des États confédérés d'Amérique. Entre nous, Buchanan n'a pas aidé dans cette affaire. Il a quitté Washington en annonçant qu'il était le dernier président des États-Unis.

« Comme tu le sais sans doute, je suis le premier président d'allégeance républicaine. J'ai été élu par une minorité du vote populaire et certains membres de mon propre cabinet me perçoivent comme un moins que rien. Pour nombre de gens appartenant à l'élite de Washington, je demeurerai toujours un cul-terreux d'avocat dégingandé, un étranger sans aucun raffinement. S'il fallait que je me préoccupe de ce qu'on dit de moi dans les colonnes des journaux, m'étiquetant comme malhonnête ou stupide, si je me laissais démolir émotionnellement chaque fois qu'un adversaire politique me traite de gorille ou de bouffon, je ne serais plus en mesure d'accomplir le travail pour lequel je suis venu dans ce monde ! »

Lincoln se leva et glissa ses mains dans ses poches. « Tôt ou tard, tout homme de caractère verra ce caractère remis en question. Tout homme d'honneur et de courage fera l'objet de critiques injustes, mais il faut te rappeler qu'une critique non fondée n'a aucune influence sur ce qui est vrai. Et la meilleure façon d'éviter la critique est simplement de ne rien faire et de ne rien devenir du tout ! »

En s'arrêtant un instant pour reprendre son souffle, l'attention de Lincoln fut attirée par une longue ronde d'applaudissements enthousiastes de la part de la multitude assemblée à l'extérieur de la tente. Le sourire fendu jusqu'aux oreilles, il invita David à le suivre : « Allons voir où nous en sommes rendus dans le programme. »

Se dirigeant vers l'entrée de la tente, le président tassa le rabat de la porte vers le côté, ce qui leur donna une vue parfaite de l'estrade. Le même individu que David avait aperçu précédemment était toujours en train d'haranguer la foule. « Qui est-ce ? » demanda délicatement David.

Sans se retourner, Lincoln répondit : « C'est notre principal orateur pour l'occasion : l'honorable Edward Everett. Il a été président de l'Université Harvard et secrétaire d'État sous la présidence de Fillmore. Il est certainement doué pour tenir un auditoire dans la paume de sa main. Regarde les visages des gens. Ils sont complètement subjugués. »

« Je suis persuadé qu'ils n'attendent que vous, monsieur », répliqua David.

Lincoln sourit et laissa retomber lentement le rabat. Reculant de quelques pas, il dit : « J'apprécie le compliment, mais aujourd'hui je n'ai que quelques remarques à faire. Je suis ici pour la consécration. Je n'ai été invité qu'il y a trois semaines. »

Au même instant, le rabat de la porte fut tassé et le jeune homme élégamment vêtu, qui avait été dans la tente précédemment, fit son entrée. Lincoln fit un geste de la main dans sa direction et dit : « John Hay, mon secrétaire personnel. »

David demeura immobile, essayant de ne pas s'esclaffer devant l'hésitation du jeune homme. Il le vit regarder d'un côté puis de l'autre, faire le tour de la tente du regard, puis répondre avec une perplexité certaine : « Monsieur ? »

Reprenant son aplomb rapidement, Lincoln demanda : « Comment puis-je vous aider, John ? »

Hay fronça les sourcils, un peu décontenancé, de toute évidence, et scruta attentivement l'espace derrière le président.

« John, dit Lincoln à nouveau, pour capter l'attention de Hay, comment puis-je vous aider ? »

« Je… euh… Pardonnez mon interruption, monsieur le président. » Lincoln se retenait maintenant pour ne pas pouffer de rire. David, pour sa part, avait mis sa main sur sa bouche. « Eh bien… Monsieur, bégaya Hay, je tenais à ce que vous sachiez que lorsque monsieur Everett aura terminé, la chorale du Baltimore Glee Club interprétera une ode composée pour la circonstance. La musique nous donnera le temps nécessaire pour vous escorter d'ici au podium. »

« Je vous remercie, John, dit Lincoln, en se dirigeant vers la porte. Le début de la musique sera donc le signal indiquant que je dois sortir de la tente pour vous rejoindre. Jusqu'à ce moment, monsieur, je m'attends à ce que vous respectiez mon intimité. »

Le président tassa la porte de la tente d'un geste intentionnel pour hâter le départ du secrétaire. Hay se baissa pour en franchir l'ouverture, puis il se retourna. Penché dans l'embrasure, à moitié à l'intérieur et à moitié dehors, Hay formula sa question avec beaucoup de soin. « Monsieur, pardonnez-moi, mais êtes-vous en train de me dire que je ne devrais pas revenir à l'intérieur ? »

« C'est exact, John. »

« Alors, vous me rejoindrez à l'extérieur de la tente lorsque vous serez prêt à prendre place sur l'estrade ? »

« Oui, John. »

Hay fit une brève pause. Puis, toujours plié en deux dans l'embrasure, il ajouta : « Monsieur, si je peux me permettre de demander... »

« John », l'interrompit Lincoln.

« Oui, monsieur ? »

« Je vous rejoindrai à l'extérieur de la tente lorsque je serai prêt à me rendre sur l'estrade. »

« D'accord, monsieur » finit par consentir Hay, résigné, avant de se glisser à l'extérieur de la porte.

Le président referma le canevas et, intimant David de le suivre d'un signe de la tête, il marcha rapidement en direction du bureau. Dès qu'il fut assis sur la chaise, des larmes se mirent à couler sur ses joues tellement il riait. Les deux hommes se bidonnèrent allègrement durant un court moment.

Puis, reprenant son calme, Lincoln respira profondément et poussa un soupir. « Nous l'avons échappé belle, mon ami. Sur le coup de la surprise, j'ai oublié qu'il ne pouvait vous voir. John est un jeune homme hors pair. Je m'en veux de rire ainsi à ses dépens, mais si le Tout-Puissant veut bien me pardonner, le regard sur son visage était impayable ! »

David rigolait toujours quand il prit place, inclinant sa chaise sur ses deux pattes arrière dans une position plus confortable. « Avant que n'entre votre secrétaire, vous parliez de votre contribution dans la cérémonie d'aujourd'hui. »

« Oui, c'est exact. » Le sourire de Lincoln disparut tandis qu'il se raclait la gorge. « Aujourd'hui nous observons une trêve dans nos combats pour procéder à la consécration d'une des réalités affreuses de la présente guerre : un cimetière. Il y en a plusieurs du genre un peu partout maintenant, comme tu le sais sans doute. Certainement plus qu'il m'est possible d'en consacrer. »

Le visage de Lincoln s'assombrit et il continua : « Il y a eu plus de cinquante mille morts ici. Ils disent que le sang formait des rigoles sur le sol. » Il demeura silencieux tout à coup. Puis, s'illuminant à nouveau, il ajouta : « J'ai Grant maintenant. Tout cela ne durera plus bien longtemps. »

« Allez-vous remporter la victoire dans cette guerre ? » demanda David.

« Nous étions en train de la perdre, il va sans dire ! Mais depuis cette bataille, celle de Gettysburg, en juillet dernier, nos chances sont maintenant bien meilleures. »

David pensa soudainement à quelque chose et demanda : « Monsieur le président, connaissez-vous un officier dans votre armée du nom de Colonel Joshua Chamberlain ? Il est avec le Vingtième Maine. »

Lincoln pencha la tête et réfléchit, puis il dit : « Non, ce nom ne me dit rien. Devrais-je le connaître ? »

« Je crois que oui. Il s'est battu ici à Gettysburg. Lorsque vous serez de retour à Washington, vous devriez chercher à faire sa connaissance. » Le président opina du bonnet. « J'ai une autre question, poursuivit David. Croyez-vous que Dieu soit de votre côté ? »

Lincoln regarda David pensivement. « Le 22 septembre de l'année dernière, j'ai signé la proclamation d'émancipation de tous les esclaves, spécifiant qu'ils sont et seront à partir de maintenant libres. Le moment choisi pour poser un tel geste demeure le sujet de nombreux débats. L'un des membres de mon cabinet a dit à qui veut l'entendre qu'une vaste majorité de citoyens étaient contre moi et n'approuvaient pas mon intention de signer la proclamation d'émancipation. La base sur laquelle je m'appuie, cependant, est que bien que l'opinion publique semble fluctuer continuellement dans ses convictions, ce qui est bien et ce qui est mal ne change par ailleurs jamais.

« Si nous tolérons les chaînes de l'esclavage, nous nous préparons ainsi à ce que nos propres chevilles doivent les enfiler. L'esprit de notre gouvernement et de nos institutions devrait être d'élever les individus, et je m'oppose personnellement à tout ce qui pourrait les avilir. Je suis de l'opinion que faire le bien rend fort. C'est la raison pour laquelle j'ai signé le document ; et maintenant, il nous faut renforcer son efficacité.

« Ta question était de savoir si je croyais que Dieu était de notre côté. Pour être honnête, je n'ai pas accordé beaucoup de réflexion à cette question. Je suis beaucoup plus préoccupé d'être plutôt de son côté à lui. »

David se souvint de quelque chose que Lincoln avait mentionné précédemment. « Vous avez parlé de Grant, s'empressa-t-il de demander. Pourquoi estimez-vous que ses contributions feront une telle différence ? »

« Parce qu'il a autant cette cause à cœur que moi, répliqua de manière tranchante le président. J'ai mis presque trois ans à trouver un officier sur lequel je n'aurais pas besoin de veiller continuellement comme une nounou. Winfield Scott a été mon premier général en chef. Puis, ce fut le tour de McDowell, suivi de Fremont, puis du désastreux McClellan. Peux-tu imaginer ? Avec McClellan, j'avais un commandant de l'armée de l'Union au complet qui refusait d'engager le combat contre l'ennemi.

« Après McClellan, j'ai désigné Henry Halleck. Halleck était un diplômé de West Point et il a même publié un livre sur les tactiques militaires. Je l'ai lu l'année dernière avant de le nommer à son poste. Le livre est excellent, en théorie. Mais ce n'est pas avec des livres qu'on mène une guerre. L'homme cherchait continuellement à fuir ses responsabilités, il a perdu le peu de calme intérieur qu'il avait face à la tâche et il s'est avéré n'être rien de plus qu'un gratte-papier de première classe.

« McClernand l'a suivi, mais tout ce qu'il a fait a été de se plaindre des autres généraux. Il ne se passait pas une semaine sans que je reçoive une longue missive complètement décousue critiquant quelque chose dont Sherman ou Grant semblaient responsables. Après McClernand, j'ai continué à souffrir sous Rosecrans, puis Burnside, et finalement Nathaniel P. Banks.

« Naturellement, le jour où j'ai annoncé mes intentions de nommer Grant au poste de général en chef, j'ai subi les foudres de la presse. En réalité, nombre de gens ont fait pression pour que Grant démissionne, mais je ne peux me permettre de perdre cet homme. Il se bat vraiment ! J'ai entendu dire qu'il avait un faible pour la bouteille. Eh bien, si j'arrive à découvrir ce qu'il aime boire, je vais en envoyer quelques caisses aux autres généraux. »

David s'esclaffa suite au commentaire. Lincoln lui sourit et il poursuivit : « Je présume que le point déterminant est qu'Ulysses S. Grant aspire à la victoire avec autant de fougue que moi. Lorsqu'on est résolu à gagner, on s'entoure de gens qui sont prêts à tout pour gagner. Ne sois pas découragé par les gens que tu choisis sur ton équipe qui parlent beaucoup mais accomplissent peu. Grant a été ma dixième tentative. Je les ai simplement tous mis dans le bateau l'un après l'autre pour voir qui était prêt à ramer aussi fort que moi. »

« Qu'allez-vous faire si vous… euh, une fois que vous aurez gagné ? » demanda David.

« Tu veux dire : “Quelle direction vais-je donner à cette nation ?” »

« Oui. Après la guerre, quelle sera votre priorité ? »

« Voilà une question plutôt facile à répondre, ma foi. En fait, j'ai passé plusieurs heures déjà en prière à réfléchir à la réponse.

Le premier matin après que les hostilités auront cessé, je vais m'efforcer d'accueillir cette nouvelle journée avec un cœur tout disposé à pardonner. »

David était surpris. « Comment ferez-vous ? Je ne comprends pas. »

« C'est un concept très simple en réalité. Et c'est le geste le plus important que je pose de manière continuelle. Pardonner me permet de me montrer un bon mari, de même qu'un père, un ami et un leader de cette nation efficace. »

Perplexe, David demanda : « Qu'est-ce que pardonner a à voir avec le fait d'être efficace ? »

Lincoln réfléchit un moment, croisa les jambes et rétorqua : « T'est-il déjà arrivé d'être très contrarié ou en colère contre quelqu'un au point d'être complètement obnubilé par cette personne et par la manière horrible dont elle t'avait traité ? Tu as pensé alors à elle au lieu de dormir, ressassant tout ce que tu aurais pu ou aurais dû lui répondre. Parfois, la chose t'a empêché de jouir d'une soirée passée en famille, faisant en sorte que tes enfants n'avaient plus la priorité dans tes préoccupations. Cette personne qui t'a offensé captait alors toute ton énergie. Tu t'es senti alors à deux doigts d'exploser. » Se penchant vers l'avant, il demanda : « As-tu déjà fait ce genre d'expérience ? »

« Ouais, dit David en hochant la tête. Ça m'est arrivé. »

Lincoln se cala de nouveau dans sa chaise et décroisa les jambes. « Eh bien, moi aussi. J'associe nombre d'échecs en affaires, de difficultés matrimoniales et de défaites dans différentes arènes politiques à de tels sentiments. Toutefois, j'attribue également une bonne partie de mes réussites à la découverte de ce secret tout simple. »

« De quel secret parlez-vous ? » demanda David.

« Le secret du pardon, répondit Lincoln. C'est un secret qui demeure souvent caché bien qu'il soit d'une parfaite évidence. Il ne coûte rien et il vaut pourtant des millions. Il est à la portée de quiconque et peu de gens y font appel. Si tu maîtrises le pouvoir du pardon, tu obtiendras la faveur et l'admiration des autres, et tu atteindras la richesse. Et, ce qui n'aura rien d'une coïncidence, tu goûteras à ton tour le pardon d'autrui. »

David avait l'air interloqué. « À qui, au juste, suis-je censé offrir mon pardon ? »

« À tous. »

« Ah bon, même s'ils ne me demandent pas pardon ? »

Lincoln fronça ses sourcils d'ébène et esquissa un sourire en coin. « La majorité d'entre eux ne le feront pas ! Étonnamment, nombre de ces gens malicieux qui osent remplir ainsi nos esprits de pensées colériques se promènent dans la vie en n'ayant aucune conscience de nous avoir blessés, ni aucune conviction d'avoir même fait quelque chose de mal ! »

David se renfrogna. « Je suis persuadé que tout cela est vrai, mais je ne comprends toujours pas comment vous pouvez pardonner à quelqu'un qui ne vous a pas demandé pardon. »

« Tu sais, dit Lincoln, durant de nombreuses années, j'ai cru que pardonner signifiait avoir l'esprit chevaleresque – impliquant le geste de faire grâce à un pauvre bougre en train de ramper à mes pieds et de demander ma faveur en suppliant. Mais j'ai grandi en maturité depuis et j'ai découvert, en observant les gens qui réussissent, une nouvelle dimension au pardon.

« Je ne peux me rappeler d'un seul livre, incluant la Bible, qui affirme que pour pardonner à quelqu'un, cette personne soit tenue d'en faire la demande express. Réfléchis un moment à un tel concept. Où se trouve la loi écrite qui affirme qu'avant que je pardonne à quelqu'un, cet individu doive le mériter ? Où est-ce écrit que pour être pardonné par moi, tu ne peux m'avoir causé du tort plus de trois fois ? Ou sept fois ? Ou même dix-sept fois ?

« La vérité incontournable au sujet du pardon est qu'il ne s'agit pas d'une récompense qui doive se mériter ; le pardon est un don qu'il faut offrir à autrui. Lorsque j'accorde mon pardon, je libère alors mon esprit de toute colère et de toute haine qui accaparaient mon cœur. En accordant mon pardon, je libère mon esprit pour lui permettre de s'élancer joyeusement vers l'avenir sans être retenu par les ancres de mon passé. Ainsi, le pardon accordé aux autres devient un cadeau qui m'est offert aussi à moi. »

David hochait lentement la tête. « J'imagine que je n'avais jamais considéré le pardon comme quelque chose qui soit sous mon contrôle. »

Juste à ce moment, des acclamations et une longue ovation soutenue se firent entendre à l'extérieur. Le président tira une montre de la poche de sa veste et il dit : « Je suppose que cela indique la fin du discours de monsieur Everett. Donc, il ne nous reste que peu de temps. »

David se leva.

« Rassieds-toi pour un moment encore, mon garçon », lui commanda gentiment Lincoln. David obéit.

« David, tu te trouves à un endroit critique dans ton parcours de vie et il y a une personne à qui tu refuses d'accorder ton pardon depuis beaucoup trop longtemps. Par l'autorité limitée qui m'a été accordée en tant que ton hôte durant ce très court laps de temps, je dois maintenant te mettre en garde que, sans un esprit disposé à pardonner, ton efficacité en tant que mari, père et dirigeant sera sérieusement compromise. La clé de tout ce que te réserve l'avenir, le secret qui te permettra de transformer tes rêves en réalité se trouvent dans le pardon. »

David paraissait troublé. Il restait là, la bouche ouverte, un regard ahuri imprimé sur son visage. « De qui s'agit-il ? » demanda-t-il. Lincoln se contenta de le regarder. « Monsieur ? Qui est-ce ? »

Lincoln se leva en secouant le devant de son veston et ses pantalons. David bondit sur ses pieds aussi et il insista : « Monsieur le président, vous devez absolument me dire de qui il s'agit ! » Lincoln ramassa son verre d'eau et le vida. Il se dirigeait vers la porte, mais David posa la main sur le bras de Lincoln. « Écoutez ! lui dit-il. Vous vous apprêtez à sortir et je ne vous reverrai plus jamais. Vous venez de me dire que ma vie est foutue si je n'arrive pas à pardonner à cette personne. Si c'est d'une telle importance, alors il faut absolument que vous me disiez qui c'est ! À qui dois-je pardonner ? »

Le président regarda David dans les yeux attentivement et il dit simplement : « À toi-même. »

Des larmes roulèrent sur les joues de David, qui secouait la tête. Très doucement, il ajouta : « Je ne pensais pas… »

« David, ajouta Lincoln en posant sa grosse main sur l'épaule de l'homme plus jeune, ta femme n'est pas en colère contre toi. Ta fille n'est pas en colère contre toi. Tes amis, dont je fais maintenant partie, ne sont pas en colère contre toi ; et Dieu n'est certainement pas en colère contre toi non plus. Alors… » Lincoln demeura silencieux un moment, puis il conclut en souriant : « *Tu* n'as aucune raison d'être en colère contre toi-même. Accorde-toi le pardon. Repars à zéro. »

« Je vous remercie », dit David, en s'essuyant les yeux avec sa manche de chemise.

« Je suis honoré d'avoir pu t'apporter mon aide », conclut Lincoln. Ramassant son chapeau sur le bureau, il demanda : « Aurais-tu envie de me suivre à l'extérieur ? Tu pourrais te joindre à la foule pour m'écouter, si tu le désires. »

« Ce serait formidable, dit David. Merci. En passant, je regrette d'avoir pris tout votre temps de préparation ici dans la tente. »

« Aucun problème, répondit le président. J'ai préparé les quelques remarques que je vais partager il y a déjà deux semaines. »

« Vraiment ? Vous savez, c'est absolument fascinant. Ce qu'on nous apprend à l'école, euh... je veux dire, dans le futur, est que vous avez rédigé ce discours dans le train qui vous menait à Gettysburg. »

Lincoln sourit. « Non, j'ai rédigé la dédicace d'aujourd'hui plutôt à Washington. Je suppose que la confusion vient probablement du fait que j'ai effectivement gribouillé quelque chose dans le train en direction de Gettysburg. En fait... » Lincoln retira une feuille de papier de la bande intérieure de son tuyau de poêle et la présenta à David. « J'étais en train de préparer ce mot pour toi. »

Le regard de David s'illumina en suivant Lincoln jusqu'à la porte. Alors que la chorale entonnait un cantique, les deux hommes pouvaient entendre le bruit de vingt mille personnes changeant de position et s'étirant de l'intérieur de la tente. Lincoln se pencha pour franchir la porte, mais il s'arrêta. Il se retourna et se releva pour regarder David, l'air narquois. « Tu as dit que je serais un sujet d'étude pour les gens dans l'avenir ? »

« Assurément, monsieur », répondit David.

Le sourire en coin et un sourcil relevé, il ajouta une dernière question. « Grant ? »

David sourit lui aussi. « Oui, monsieur », dit-il avant de suivre le grand homme hors de la tente.

Une fois à l'extérieur, David recula quand John Hay et plusieurs soldats s'empressèrent d'entourer le président pour le conduire en vitesse jusqu'à l'estrade. Lincoln serra la main d'Edward Everett, resté tout près pour entendre le discours du président. La chorale avait terminé et quitté la scène lorsqu'un maître de cérémonie vêtu d'un luxueux smoking noir s'approcha du podium et lança haut et fort : « Mesdames et messieurs, veuillez accueillir le président des États-Unis, monsieur Abraham Lincoln. »

À cette annonce, vingt mille personnes se levèrent pour l'applaudir. David réussit à se glisser au-devant de l'estrade et il se tint au milieu des autres spectateurs. Lorsque les applaudissements eurent cessé, tous demeurèrent debout. David se trouvait sur la droite et aux pieds de son ami lorsque d'une voix aiguë, presque stridente, Abraham Lincoln prononça les mots qui allaient enclencher le processus de guérison d'une nation brisée :

« Il y a quatre-vingt-sept ans, nos pères ont formé, sur ce continent, une nouvelle nation conçue dans la liberté et fondée sur le principe que tous les hommes avaient été créés égaux.

« Nous voici maintenant engagés dans une guerre civile d'envergure, en vue de déterminer si cette nation – ou toute autre nation conçue et consacrée de manière similaire – aura un avenir durable. Nous sommes rassemblés sur ce qui a constitué un grand champ de bataille de cette guerre. Nous sommes rassemblés pour consacrer une partie de cet espace en un endroit de repos pour ceux qui ont donné leur vie pour qu'une nation puisse continuer à exister. C'est tout à fait de circonstance et cela semble s'imposer également que nous procédions de la sorte.

« Toutefois, dans un sens plus large, nous ne pouvons pas faire la dédicace, nous ne pouvons pas consacrer, nous ne pouvons pas bénir le sol sur lequel nous nous tenons en ce moment. Les hommes courageux, vivants et morts, qui se sont battus ici, l'ont consacré bien au-delà du pouvoir que nous avons d'y ajouter ou d'y retrancher quoi que ce soit. Le monde notera à peine et se rappellera très peu de ce que nous aurons dit, mais il ne pourra jamais oublier ce que ces soldats ont fait ici. Il nous reste à nous, les vivants, de nous consacrer au travail inachevé qu'ils ont si noblement entrepris. Il nous revient, en effet, de nous consacrer à la grande tâche qui nous incombe – qu'envers ces morts honorés aujourd'hui, nous ayons encore plus de dévotion pour la cause pour laquelle ils ont donné en ce lieu la pleine mesure de leur propre dévotion – de nous engager entièrement à ce que ces morts n'aient pas offert leur vie en vain, que la nation puisse, sous le regard de Dieu, connaître un nouveau souffle de liberté et que le gouvernement du peuple, par le peuple et pour le peuple ne disparaisse pas de la surface de la terre. »

Pour un moment, la foule demeura silencieuse. Puis, tout autour de lui, David entendit des gens se mettre à applaudir. Se joignant à eux avec enthousiasme, il regarda Lincoln saluer la foule en baissant la tête, accueillant leur appréciation, et envoyer la main aux gens qui se trouvaient le plus loin de l'estrade. Puis, il regarda à ses pieds, captant le regard de David et lui sourit. Il fit un dernier signe de la main à l'auditoire, se retourna et disparut.

David se fraya un chemin à travers les gens rassemblés en se dirigeant vers un énorme hêtre s'élevant, solitaire, au milieu de la pente douce d'une colline. Il était à bonne distance de la multitude lorsqu'il s'assit à l'ombre du grand arbre. Entendant les voix de la chorale entonner un autre cantique sur le podium, David déplia la feuille de papier qui lui avait été remise par le seizième président des États-Unis et il se mit à lire.

LA SIXIÈME DÉCISION EN VUE DE LA RÉUSSITE

Je vais accueillir chaque journée avec un cœur disposé à pardonner.

Depuis trop longtemps, chaque parcelle de pardon que je possédais était gardée sous clé, cachée à la vue, attendant que je daigne révéler sa présence en l'accordant à la personne que j'en jugeais digne. Hélas, j'ai trouvé que la plupart des gens étaient singulièrement indignes de mon précieux pardon, et comme ils ne me demandaient jamais de le leur accorder, je gardais la chose entièrement pour moi-même. En conséquence, le pardon que je retenais s'est transformé en ressentiment générant des fruits amers.

Plus jamais ! Dès à présent, ma vie est baignée d'une espérance et d'une assurance nouvelles. Parmi la population du monde, je suis l'un des rares détenteurs du secret qui permet de dissiper la colère et le ressentiment. Je comprends désormais que le pardon n'a de valeur réelle que lorsqu'il est accordé. Par le simple fait d'offrir mon pardon aux autres, je serai ainsi libéré des démons du passé à propos duquel je ne peux rien faire et je me constituerai un cœur nouveau, un nouveau départ.

Je vais accueillir chaque journée avec un cœur disposé à pardonner. Je vais offrir mon pardon même à ceux qui ne me le demandent pas.

Nombre de fois m'est-il arrivé de bouillonner de colère à cause d'un mot ou d'une action lancés dans ma vie par une personne inconsciente ou insensible. J'ai gaspillé des heures précieuses à rêver de vengeance ou à imaginer différents scénarios de confrontation. Aujourd'hui, la vérité m'a été révélée au sujet de la pierre qui se trouve dans mon soulier sur le plan psychologique. La rage que je nourris est souvent à sens unique, car celui qui m'a offensé est si rarement conscient ou préoccupé de l'avoir fait.

Je vais donc désormais offrir en silence mon pardon même à ceux qui ne voient pas qu'ils en ont besoin. En leur pardonnant, je ne serai plus captif de pensées improductives. Je vais renoncer à toute amertume. Je vais plutôt rechercher le contentement dans mon âme et serai ainsi mieux disposé intérieurement dans mes rapports avec mon prochain.

Je vais accueillir chaque journée avec un cœur disposé à pardonner. Je vais pardonner à ceux qui me critiquent injustement.

Sachant que l'esclavage sous toutes ses formes est un mal, je sais également que la personne qui vit au quotidien en recherchant l'approbation d'autrui est un esclave. Je ne suis pas un esclave. J'ai choisi mon conseiller. Je connais la différence entre le bien et le mal. Je sais ce qui constitue le meilleur pour l'avenir de ma famille et ni les opinions biaisées, ni les critiques injustes ne me feront dévier de ma course.

Ceux qui se montrent critiques face à mes objectifs et mes rêves ne comprennent tout simplement pas la raison d'être suprême à laquelle je suis appelé. C'est pourquoi leur mépris n'affecte pas mon attitude ou mes actions. Je pardonne ce manque de discernement de leur part et je m'élance en avant. Je sais maintenant que supporter la critique constitue une partie du prix à payer pour me distancer de toute forme de médiocrité.

Je vais accueillir chaque journée avec un cœur disposé à pardonner. Je vais me pardonner aussi à moi-même.

Depuis trop d'années, mon plus grand ennemi a été moi-même. Chaque faux pas, chaque mauvais calcul, chaque chute ont été ressassés en boucle dans ma tête. Chaque promesse non tenue, chaque jour gaspillé, chaque objectif non atteint ont engendré le dégoût de moi-même que je ressens à cause du manque de succès dans ma propre vie. Mon désarroi s'est transformé en emprise paralysante. Lorsque je suis déçu de moi-même, je réagis en sombrant dans l'inaction et en devenant encore plus déçu à mon propre sujet.

Je comprends aujourd'hui qu'il m'est impossible de lutter contre un ennemi qui se trouve logé dans ma tête. En me pardonnant tout simplement, je vais ainsi éliminer les doutes, les peurs et la frustration qui ont gardé mon présent captif de mon passé jusqu'ici. À partir d'aujourd'hui, mon histoire personnelle cessera de contrôler ma destinée future. Je me suis pardonné à moi-même. Ma vie vient de repartir à zéro.

Je vais pardonner même à ceux qui ne me demandent pas pardon. Je vais pardonner à ceux qui me critiquent injustement. Je vais me pardonner à moi-même.

Je vais accueillir chaque journée avec un cœur disposé à pardonner.

Chapitre neuf

DAVID EXTIRPA LA BLAGUE À TABAC DE SA poche. Soigneusement, il plia le papier et le déposa à l'intérieur du petit sac de toile usée. Ses doigts caressèrent le cuir lisse sur lequel le roi Salomon avait écrit la *seconde décision.* « Une, deux, trois, quatre, cinq, six. » David fit le décompte des précieux messages à haute voix. *Je dois en recevoir sept,* pensa-t-il. *Je me demande où je vais aboutir la prochaine fois.*

David se sentait plutôt tendu. Attendre d'être catapulté à travers le temps et l'espace le rendait nerveux et l'épuisait. Jetant un regard à travers la plaine, il vit les supporters de Lincoln quitter le cimetière à dos de cheval. Le président, avec ses gants d'équitation blancs et son long chapeau noir qui brillait au soleil, avait fière allure. David sourit en secouant la tête, émerveillé.

Un sentiment de lassitude l'envahit. Incapable de garder les yeux ouverts, il replaça le petit sac dans sa poche et s'étendit sur le sol. Il faisait des efforts pour demeurer éveillé, luttant contre le sommeil, mais il en fut incapable. Des visions d'Ellen et de Jenny l'emportèrent dans un rêve. « Où es-tu, papa ? lui disait Jenny en pleurant. Reviens vite à la maison ! » David se doutait bien qu'il était en train de rêver, mais il n'arrivait pas à se réveiller. Il essaya de les toucher, mais sa femme et sa fille demeuraient hors d'atteinte. *Tout ceci est complètement dingue,* pensa-t-il. *Je suis en train de rêver au milieu d'un rêve. Je dois absolument me réveiller !*

Ellen se tenait debout, les mains sur les épaules de sa fille en larmes, cherchant à réconforter l'enfant. « David, nous avons besoin de toi », a-t-elle dit.

Réveille-toi, mon vieux ! se criait-il à lui-même.

« Je m'attends à de grandes choses de ta part, mon garçon. » C'était la voix d'un homme. David se retourna et aperçut son beau-père. Il avait des larmes dans les yeux. « Tu m'avais promis de prendre soin de ma fille. »

David émergea du sommeil, le corps trempé de sueur. Il avait la nausée mais demeurait terrifié à l'idée de fermer les yeux à nouveau. « Trop réel », se marmonna-t-il intérieurement en s'assoyant. « C'était vraiment trop réel. » Désorienté, David constata qu'il se trouvait assis sur un plancher de béton entouré de… papier !

Le dos droit, il se frottait les yeux en cherchant à reprendre ses esprits. Devant lui était empilé encore plus de papier. David roula sur ses genoux pour se mettre debout. Il constata qu'il ne s'agissait pas de feuilles de papier blanc ordinaires, mais plutôt de photographies. Et toutes ces photos étaient celles d'enfants. Il y avait des piles de photos retenues ensemble par un élastique et entassées soigneusement sur étagère par-dessus étagère. Trois gros paniers contenant des centaines de photos en vrac et placés au bas d'une pile attendaient, semble-t-il, d'être remplis. Ces photos montraient des enfants de tous âges et de toutes races. Sur certaines photos, il y avait deux enfants et sur plusieurs autres, un seul. David vit que d'autres encore avaient trois ou quatre enfants et quelques-unes, cinq ou six.

Il se dirigea vers une ouverture à sa gauche. C'était un couloir quelconque bordé d'immenses présentoirs sur lesquels étaient suspendus des vêtements. David s'approcha avec hésitation des tissus aux couleurs chatoyantes et il posa la main sur un petit manteau. Relevant la manche d'un autre vêtement, il constata qu'il s'agissait d'un autre manteau. En fait, il comprit bientôt que chaque vêtement qui se trouvait suspendu là était un manteau. Des grands, des petits, que des manteaux et des vestons, chacun sur son propre cintre. « Des milliers, pensa David, peut-être même des centaines de milliers. »

David se retourna vers les photos et fut estomaqué. Le fait de se tenir ainsi à distance lui donnait une vue périphérique du lieu où il venait de se réveiller, quelques moments auparavant. Alors qu'il était près des photos, il n'avait pas pu voir jusqu'où s'élevaient les piles en question, mais maintenant, en regardant vers le haut, il n'arrivait pas même à apercevoir le plafond. Il y avait des étagères de photos qui étaient empilées les unes sur les autres à l'infini.

Il n'y avait aucun système d'éclairage dans cet endroit, ni lumière d'aucune sorte ; pourtant, tout était baigné d'une douce lueur environnante. À sa droite, le couloir semblait s'étendre à l'infini. À sa gauche, il en était de même. On aurait dit qu'il n'y avait aucune structure définie à l'édifice dans lequel il se trouvait, s'il s'agissait bien d'un édifice. *Suis-je toujours en train de rêver ?* se demanda David.

Il remarqua quelque chose de différent sur les étagères qui faisaient suite à celles des photographies et il avança lentement le long du couloir sur une distance d'environ cent mètres, jusqu'à ce qu'il aperçoive des fauteuils roulants. Au-delà des fauteuils roulants se trouvaient des lits – doubles, simples, grands et très grands. Puis, des bicyclettes – de toutes les sortes et de toutes les couleurs.

En face des vélos se trouvaient apparemment des documents légaux. David les examina plus attentivement. Il s'agissait de formulaires pour l'achat de voitures. Les papiers, formant des paquets comme les photos et posés sur des étagères, se trouvaient dans un espace aussi vaste que dix maisons ; et comme tout le reste dans cet endroit, ils étaient empilés si haut qu'on ne parvenait pas à en apercevoir le sommet.

Après les titres de propriété des voitures, il découvrit des souliers de toutes sortes, chaque paire dans son propre petit compartiment. Les souliers de bébé étaient disposés dans une armoire d'une longueur de soixante à soixante-dix mètres selon David, et d'une hauteur impossible à déterminer. Les souliers de bébé furent suivis de placards remplis de souliers vernis pour hommes et femmes, de caoutchoucs et de baskets. Il devait y en avoir des centaines de milliers, peut-être même des millions, se dit David.

La chose dont il était certain, toutefois, est qu'il ne s'était jamais trouvé dans un endroit pareil. La température ambiante lui semblait idéale. Il n'entendait aucune musique et ne détectait aucune odeur particulière. Il n'avait aperçu aucune poutre de soutien d'aucune sorte, ni de mur, et il n'avait vu personne. *Où suis-je, au juste ?* pensa-t-il. *Quel est cet endroit et pourquoi toutes ces choses se trouvent-elles empilées ici ?*

Il continua à marcher et découvrit de nouveaux couloirs, mais aucun dont il put apercevoir l'extrémité. Il passa devant des jeans, des médicaments et des photos de maisons. Il y avait aussi des radiateurs et des certificats de mariage, des bardeaux pour les toits et de la nourriture. Lentement, il s'efforça de revenir sur ses pas jusqu'aux photos des enfants.

En chemin, il croisa un secteur où étaient empilées des liasses de billets de toutes les devises et valeurs imaginables. David mit les mains sur ses hanches, retroussa les lèvres et soupira profondément. « Cela n'a absolument aucun sens », dit-il à haute voix. Poursuivant sa route, il conta deux cent neuf pas avant d'arriver au bout des piles d'argent.

Après un moment, David se retrouva à son point de départ, bien qu'il doutât avoir parcouru même la moitié de tout ce qu'il y avait là. Comme il exécutait une rotation complète pour regarder ce qu'il y avait autour de lui, une photo tournoya dans l'air à partir de quelque part là-haut. Elle se retrouva sur le sol tout près de l'endroit où était David. Il la ramassa et voulut la déposer sur une étagère, mais il retint son geste. Quelque chose sur la photo l'avait intrigué.

Il s'agissait d'une photo de deux enfants, un garçon et une fille, qui devaient avoir entre six et sept ans. Ils étaient à l'évidence frère et sœur, mais ils ressemblaient énormément à Jenny, sa propre fille. Ils avaient les yeux bleus comme elle – et Ellen – et la même mèche rebelle de cheveux blonds sur le côté gauche.

David secoua la tête, intrigué. Il n'arrivait pas à détourner son regard de la photo. Il entendit alors un bruit à peine audible, provenant presque de son subconscient. Relevant rapidement les yeux, il regarda dans le couloir et aperçut une silhouette qui s'avançait dans sa direction. La personne se trouvait à plusieurs centaines de mètres et se déplaçait à pas réguliers et sûrs. Lorsqu'elle fut rendue à la section qui contenait des lits et des bicyclettes, David vit qu'il s'agissait d'un homme. C'était un colosse. David faisait lui-même près de 1,90 mètre, mais il pouvait voir que l'homme était beaucoup plus grand que lui.

Il se déplaça de quelques pas vers sa gauche, se sentant en quelque sorte un peu plus en sécurité près des piles de photos. L'homme avait les cheveux blonds et bouclés, presque dorés. Ils étaient relativement courts, touchant ses sourcils et couvrant à peine ses oreilles. Il portait une toge drapée par-dessus ses épaules et qui lui couvrait à peine les genoux. Elle était blanche ou peut-être d'une couleur très pâle. En fait, l'homme qui se trouvait maintenant à moins de vingt mètres de lui paraissait vêtu de ce qui sembla à David comme étant uniquement un vêtement de lumière.

L'homme afficha un sourire bienveillant en s'approchant, puis s'arrêta et se tourna pour replacer un fauteuil roulant sur sa droite. David fut sidéré en le voyant faire. L'individu en question avait des ailes.

Elles étaient d'un blanc immaculé et accrochées à la hauteur de ses épaules. Quand l'homme se pencha pour déplacer le fauteuil roulant, David vit qu'elles avaient la longueur de son corps, les pointes touchant presque le sol. Quand l'homme se releva, ses ailes se replièrent, jointes derrière son dos.

Franchissant rapidement la distance qui les séparait, l'homme s'immobilisa et dit : « Bonjour, David Ponder. Je me nomme Gabriel. »

Il était aussi grand que David l'avait estimé et il avait l'aspect d'un guerrier. Tout en muscles, il se dégageait de lui une réelle douceur néanmoins, n'étant menaçant d'aucune manière. Son nez était long et droit, ses lèvres charnues et la peau de son visage était lisse et dépourvue de toute pilosité. Ses yeux, toutefois, captèrent l'attention de David. Ils étaient du bleu le plus pur jamais vu ; on aurait dit qu'ils avaient été saupoudrés de poussière d'or.

David était sidéré. « Vous êtes un ange », finit-il par dire.

« Un archange, en réalité », répondit Gabriel, son sourire révélant des dents blanches parfaitement alignées. « Il y a une différence. »

« Je regrette… euh… Je ne savais pas… bégaya David. Je veux dire… qu'il y avait une telle différence. »

« Cela n'a pas d'importance, vraiment, David Ponder, répondit Gabriel. Je suis honoré de faire ta connaissance. »

Indiquant la photo que David tenait toujours en main, il ajouta : « Puis-je ? »

« Oh… bien sûr ! » dit David en la lui tendant.

Gabriel la regarda durant un moment, puis il la montra à nouveau à David. « Beaux enfants, n'est-ce pas ? » David hocha la tête pour acquiescer et vit Gabriel la déposer dans un des paniers de photos en vrac.

« Bon, alors, *suis*-je mort ? » lâcha David.

Gabriel fronça les sourcils, confus. « Je n'ai pas bien compris. »

« Si je suis avec vous, alors je dois être au ciel. Et si je suis au ciel, c'est la preuve que je suis mort. »

Gabriel éclata de rire. « Non, tu n'es pas mort. Ce n'est là qu'une brève escale, sans doute la plus importante étape de ton périple. C'est ici la seule destination que tous les voyageurs ont en commun. »

« Est-ce qu'il y a eu plusieurs voyageurs ? » demanda David.

« Relativement peu, rétorqua Gabriel, depuis le commencement du temps tel que tu le connais et si on considère le nombre de personnes dont il faut tenir compte. Mais, pour celles qui ont le privilège de faire un voyage comme le tien, la compréhension de leur véritable mission débute ici en général, à cet endroit même. Jeanne d'Arc, George Washington et Martin Luther King Jr. ont tous compris leur appel spécifique là où tu te trouves en ce moment. »

« Et qui correspond à où exactement ? indiqua David d'un geste des mains. Quel est cet endroit, au juste ? »

Gabriel leva un doigt. « Pas maintenant, dit-il. D'abord, marchons un peu tous les deux. »

Se déplaçant lentement dans la direction opposée à celle d'où il était venu, Gabriel conduisit David le long des ventilateurs de plafond et des climatiseurs, des pneus et des couvertures, des montres et des photos d'animaux. Tout comme il y avait eu des photos d'enfants, David aperçut des rangées et des piles de photos de chiens, de chats, de chevaux, de hamsters, d'oiseaux, de tortues, de poissons et de quelques animaux qu'il ne connaissait pas.

Approchant d'un vaste espace rempli d'énormes rouleaux de tapis soigneusement entassés, Gabriel s'arrêta, se retourna et demanda à David, à brûle-pourpoint : « Te considères-tu comme un homme de foi, David Ponder ? »

David s'assombrit. Décontenancé momentanément, il répondit : « Je ne suis pas certain de comprendre ce que vous dites. »

Gabriel releva les sourcils. « Une simple question, en réalité. Te considères-tu comme un homme de foi ? La foi guide-t-elle tes actions et tes émotions de tous les jours ? Les hommes sont en général dirigés par la foi ou par la peur – l'un ou l'autre – car les deux sont similaires. La foi ou la peur reflètent l'attente d'un événement qui ne s'est pas encore produit ou la croyance en quelque chose qui ne peut être vu ou touché. Un homme qui a peur vit toujours à la limite de la folie. Un homme de foi vit en recevant des récompenses perpétuelles. »

« Des récompenses ? » dit David, perplexe.

S'étant remis à marcher, Gabriel expliqua : « La foi consiste à croire en quelque chose que l'œil n'a pas vu. La récompense de la foi est de voir éventuellement ce en quoi l'on avait cru. Te considères-tu comme un homme de foi, David Ponder ? »

« Pour dire la vérité, répliqua David, je me suis toujours perçu comme un homme de raison. »

Gabriel tourna à droite, conduisant son invité le long d'un large couloir. « La raison ne laisse jamais de place au miracle ;

la foi les provoque. À comparer les deux, finalement, la foi constitue un guide plus sûr que la raison. La raison peut être utile durant un temps déterminé, mais la foi ne connaît aucune limite. La seule limite à la réalisation de ton futur est le doute auquel tu t'accroches si solidement aujourd'hui. »

« Est-ce vraiment réaliste pour moi de travailler et de vivre en m'attendant à des miracles ? » objecta David.

Gabriel s'esclaffa. « Je te trouve très amusant, David Ponder, dit-il. Quel est le sens de ce mot, *réaliste* ? Nous ne l'utilisons jamais ici. »

David s'immobilisa. « Vous vous *moquez* de moi, n'est-ce pas ? »

« Oui, répondit Gabriel, toujours souriant. Toutefois, c'est un fait certain que les grands leaders – ceux qui ont accompli des exploits – se sont rarement montrés réalistes, d'après les standards des autres. En quelque sorte, ces gens qui ont atteint la réussite, souvent considérés comme étranges par leur entourage, ont fait leur chemin dans la vie en ignorant, ou en ne tenant pas vraiment compte des attentes ou des émotions négatives d'autrui. En conséquence, ils ont réussi à accomplir un exploit extraordinaire après l'autre, sans jamais se dire que cela leur était impossible. C'est justement la raison pour laquelle on ne devrait jamais dire à une jeune personne que quelque chose ne peut pas être accompli. Il est possible que Dieu ait attendu durant des siècles pour que quelqu'un de suffisamment ignorant des improbabilités tente ce qui semblait impossible et prouve justement le contraire ! »

L'attention de David se trouva momentanément détournée de Gabriel. Tandis qu'ils marchaient tous deux, ils longèrent de plus en plus d'allées de briques, de riz, d'ordinateurs, de berceuses et d'une grande quantité d'articles qui, pour David, ne semblaient avoir aucun véritable lien entre eux. Mais voilà qu'il se trouvait devant quelque chose de nouveau, un espace d'environ trente-cinq mètres carrés avec un seul piédestal érigé au centre. Sur le piédestal, aperçut David en s'approchant de plus près, se trouvait une pile de papiers qui n'avait pas plus de trois centimètres de hauteur.

C'était la lumière qui avait d'abord attiré l'attention de David. Le piédestal, isolé de tout autre objet se trouvant dans ce lieu, faisait contraste par rapport à la douce lueur qui semblait entourer les autres rangées et étagères. Une lumière vive était directement dirigée sur les papiers posés sur le piédestal. Tandis que David avançait lentement dans l'espace vide, il leva les yeux et chercha d'où venait la source de cette lumière. « Hé ! D'où provient cette lumière, au juste ? » demanda-t-il. Gabriel sourit tout simplement. Comprenant qu'il n'allait recevoir aucune réponse, David s'approcha encore plus près. « Est-ce que je peux toucher ? »

« Certainement », lui répondit Gabriel.

Il devait y avoir entre quarante et cinquante feuilles de papier, certaines clairement plus récentes, et d'autres jaunies par le temps. La première comprenait une équation mathématique complexe, tout comme la seconde. La troisième et plusieurs autres pages comportaient des plans aux multiples dimensions de machines et d'appareils de types différents. En examinant les autres rapidement, David reconnut des pages d'équations chimiques, dont certaines avaient presque l'allure de recettes, et une feuille de papier, jaunie et froissée, qui n'avait qu'un seul mot d'écrit au centre. Puisant dans les souvenirs de ses cours de biologie des années passées, David reconnut le nom latin d'une plante quelconque.

Tenant les feuilles de papier dans sa main gauche, David se tourna vers Gabriel et dit : « Je ne saisis pas. Qu'est-ce que c'est, au juste ? »

« L'une de ces feuilles, répondit Gabriel en s'approchant de David – je crois qu'il s'agit de la huitième page que tu as examinée – est le remède contre le cancer du pancréas, du foie et du côlon. »

David fixa Gabriel. Sa main tenant toujours la pile de papiers demeura partiellement tendue. « Comment ? » dit-il.

« Oui, poursuivit Gabriel, il s'y trouve également les plans d'un appareil permettant de régénérer le nerf optique, de sorte que même ceux qui sont aveugles de naissance puissent retrouver la vue. Une variation du même dispositif est imprimée sur la page suivante. Celui-là permet de régénérer la moelle épinière. Tu tiens dans ta main les remèdes et les vaccins permettant d'éradiquer la dystrophie musculaire, la paralysie cérébrale et, crois-le ou non, le bon vieux rhume. La page vingt-six contient la clé du syndrome de mort subite du nourrisson, et à la page quatorze, tu seras peut-être intéressé de découvrir un médicament sous forme liquide avec lequel badigeonner l'intérieur de la gorge des enfants. Cela permet de faire disparaître les amygdales sans aucune douleur en moins de six heures. »

David était sidéré. À peine capable de suivre les explications de Gabriel, il se mit à parcourir les feuilles de nouveau. « Mais je ne… » commença-t-il, pour s'arrêter tout à coup. « Suis-je censé prendre ces feuilles avec moi ? »

« Non », répondit Gabriel.

Devenant rouge de colère et de confusion, David bredouilla : « Alors, quel est le sens de tout cela ? Je veux dire, pourquoi… » Il n'arrivait pas à trouver les mots justes. Des larmes de découragement coulèrent de ses paupières. Troublé et dépassé par la situation, David déposa les documents sur le piédestal et, inconscient du brisement dans sa voix, il ajouta un peu trop fortement : « Que se passe-t-il, ici ? Tous ces trucs… ces remèdes… Ma fille doit se faire enlever les amygdales. Le saviez-vous ? »

« Oui. »

Durant plusieurs secondes, David demeura coi devant l'ange. Il fit la moue et se mit à pleurer à chaudes larmes dans ses efforts désespérés de trouver un sens à la situation dans laquelle il se trouvait. Finalement, David hurla : « Ne savez-vous pas que je ne peux pas payer l'intervention chirurgicale ? »

« Je le sais. »

Une frustration accumulée durant sa vie entière sembla jaillir du fond de son âme à cet instant même. Un cri d'agonie s'échappa de sa gorge au moment où il s'accroupit. Le bras gauche sur le genou et le poing droit collé au sol, David se balançait en pleurant amèrement. Il pleurait à cause d'Ellen et de Jenny. Elles lui manquaient tant. Allait-il jamais les revoir un jour ? Méritait-il de les voir de nouveau ? Il pleura en pensant aux personnes qu'il avait laissé tomber au cours de sa vie – ses parents, ses amis, ses collègues de travail –, et il pleura aussi en pensant à lui-même.

Après quelques minutes, David adopta une position assise à même le sol, les genoux repliés sous le menton. Devenu plus calme maintenant, il essayait de reprendre son souffle en s'essuyant les yeux et les joues avec sa manche de chemise.

Gabriel était demeuré impassible. Son visage n'était pas dénué de compassion, mais il ne manifesta aucun signe physique de réconfort, ni geste évident de sympathie.

David tourna son visage vers l'ange et demanda : « Pour quelle raison suis-je ici ? » Gabriel lui tendit la main pour l'aider à se relever. David la saisit, secouant ses pantalons une fois debout.

Gabriel sourit. « Pourquoi crois-tu que tu te trouves ici ? »

« Je n'en sais rien », répliqua David en reniflant bruyamment.

« Alors, le temps n'est pas venu pour toi de le découvrir, ajouta Gabriel. Viens. »

Ils poursuivirent leur marche au-delà du piédestal. David jeta sur celui-ci un dernier regard avant qu'il disparaisse de sa vue. Puis, il fut saisi une fois de plus par la quantité infinie d'objets de toutes sortes. Certains étaient ordinaires. Il y avait des câbles électriques et des ampoules. D'autres étaient plutôt hors de l'ordinaire. « Qu'est-ce que c'est ? » demanda David, en pointant vers un appareil.

« Cette pièce d'équipement, répondit Gabriel, rend tout objet qui se déplace à l'abri des collisions. Sa conception utilise une technologie mariant le laser et les ondes acoustiques, et elle est très efficace pour à peu près tout, incluant les automobiles et les gros-porteurs. »

David passa les doigts dans ses cheveux. « Si vous ne voulez pas me dire ce qu'est cet endroit ni pourquoi je me trouve ici, alors j'aimerais vous poser une autre question. » Gabriel acquiesça. « Pourquoi toutes ces choses se trouvent-elles ici ? »

Effleurant de la main l'un des nombreux aspirateurs devant lesquels ils étaient en train de passer, Gabriel sembla momentanément perdu dans ses pensées. Puis il répondit : « Quelle différence y a-t-il entre les gens, David Ponder, quand ils se trouvent confrontés au désespoir ? Pourquoi telle personne choisit-elle de s'enlever la vie alors qu'une autre atteint la grandeur ? »

« Cela ne répond pas à ma question, répliqua David, mais je n'en suis pas certain. Je n'ai jamais réfléchi à la chose auparavant. »

Gabriel se tourna vers lui en marchant, un air amusé sur son visage. « C'est le temps de le faire maintenant, » ajouta-t-il simplement.

David haussa les épaules. « Je ne sais pas. Peut-être la différence se trouve-t-elle dans les circonstances ? »

« Les circonstances sont ce qui contrôle les faibles, rétorqua Gabriel, mais elles sont les armes des sages. Dois-tu te laisser abattre et écorcher par chaque situation que tu rencontres ? » David fronça les sourcils. Souriant, Gabriel poursuivit son argumentation. « Je t'ai posé une question, David Ponder. Tes émotions et ta volonté sont-elles sous le contrôle des circonstances ? »

« Non, elles ne le sont pas », répondit David avec fermeté.

« C'est exact, approuva Gabriel. Les circonstances ne sont pas ce qui te pousse ou te retient. Elles sont plutôt des leçons à examiner soigneusement et à accueillir ; elles te procureront une sagesse et des connaissances nouvelles. La sagesse et le savoir mis en pratique t'assureront un avenir meilleur. Une personne déprimée gaspille un temps précieux à réfléchir à la manière dont sont les choses dans le présent et n'investit pas assez d'énergie à réfléchir à la manière dont elle souhaiterait qu'elles deviennent. »

David poursuivit son chemin durant une minute, perdu dans ses pensées, puis il fit un geste du bras en direction d'un endroit rempli de matelas et dit : « Alors, pourquoi toutes ces choses sont-elles ici ? »

Gabriel jeta un bref regard à son élève rempli de perplexité et il répondit : « Les circonstances. »

David poussa un soupir des plus audibles. Gabriel ricana et dit : « Par ici, mon cher Ponder. »

David suivit l'ange le long d'une allée bordée de téléphones d'un côté et de planches de bois de l'autre. Bientôt, ils furent revenus à l'endroit d'où David était parti, là où se trouvaient les photos des enfants. « Ai-je tout vu ? » demanda David.

« Tu n'as vu qu'une infime partie de cette installation, répondit Gabriel. Même en t'y promenant ta vie entière, tu n'arriverais pas à tout voir. Et cela est triste à dire, mais la marchandise s'y accumule jour après jour. »

David s'arrêta près des bacs de photos en vrac. Y plongeant la main, il en retira celle que Gabriel avait déposée là un peu plus tôt – celle des deux enfants que David trouvait si familiers. « Le nom du garçon est Jason », dit doucement Gabriel. « La fille s'appelle Julia. »

David fronça les sourcils. Les yeux toujours sur la photo, il commenta : « J'ai toujours aimé ces noms. Le nom de mon grand-père était Jason. En fait, si Jenny avait été un garçon, nous aurions alors appelé le bébé Jason, Ellen et moi. Nous avons toujours dit que nous nommerions notre seconde fille Julia. Nous voulions avoir plusieurs enfants, mais nous n'en avons jamais eu les moyens… » Une soudaine nausée s'empara de David. Abaissant lentement la photo, il agrippa le rebord du bac de son autre main pour maintenir son équilibre. Respirant difficilement, il dit : « Mais vous avez toujours su cela, n'est-il pas vrai ? »

« Oui », répondit Gabriel.

« Pourquoi suis-je en train de subir ce qui m'arrive ? »

Les yeux de Gabriel se rétrécirent. « Pourrais-tu être plus précis, s'il te plaît ? »

« Pourquoi suis-je en train de voir tout cela en ce moment ? »

« Une dispense spéciale est accordée au voyageur pour qu'il acquière une plus grande sagesse et une compréhension plus profonde. »

« Je ne saisis pas. »

« Cela me semble pourtant évident. »

David prit une profonde respiration. « Suis-je vraiment censé y comprendre quelque chose ? »

« Tout deviendra limpide éventuellement. »

Se tournant pour faire face à Gabriel, David ajouta : « Quel est cet endroit, au juste ? »

Battant des ailes derrière son dos, Gabriel fit un pas pour se rapprocher de David et écarta les bras de chaque côté comme pour accueillir un invité d'honneur. « Tout cela, mon ami, est un endroit qui n'a jamais existé. »

David arrivait à peine à respirer lorsque l'ange prit la photo qu'il tenait dans sa main. L'utilisant alors pour faire un geste autour de lui, Gabriel dit : « Ce lieu est l'endroit où nous conservons les choses qui s'apprêtaient à être accordées juste au moment où la personne qui les désirait a cessé de travailler et de prier pour les obtenir. Le contenu de cct entrepôt reflète les rêves et les objectifs des gens qui ont manqué de courage. »

David était horrifié. Il se retourna, la bouche ouverte, pour regarder un peu partout le long des allées, voyant les manteaux et les souliers, les vélos et les couvertures ; puis il se souvint du piédestal. Ses yeux revinrent vers la photo que Gabriel tenait dans sa main. Tendant le bras, il demanda : « Pourrais-je la conserver ? »

« Je regrette, répondit l'ange en replaçant l'image dans le panier. Jason et Julia n'existent pas. Le temps de leur arrivée est maintenant passé. L'occasion a été ratée. Il n'y a pas de deuxième chance. »

L'instant d'après, la main droite de David cherchait un appui au sol. Comme ses genoux vacillaient, il se pencha rapidement jusqu'à terre. Incapable de rester debout plus longtemps, il s'assit là, tout simplement, aux pieds de Gabriel. Il ne poussa aucun cri, ne versa aucune larme. Il avait dépassé le stade des pleurs. Il se sentait privé d'énergie, à peine capable de respirer.

Durant ce qui lui parut une heure ou plus, David demeura assis, cherchant à rassembler ses idées. Gabriel resta à ses côtés, immobile durant tout ce temps. Finalement, David releva les yeux et demanda, d'une voix à peine audible : « Quelle leçon suis-je censé apprendre ici ? »

Gabriel sourit et s'assit à côté de David à même le sol. « Tu dois savoir, commença-t-il, que dans le jeu de la vie, rien n'a moins d'importance que le pointage à la fin de la première demie. La véritable tragédie dans l'existence n'est pas que l'homme perde, mais plutôt qu'il ait été si près de remporter la victoire. »

David secouait lentement la tête. « Pourquoi abandonnons-nous la partie ? Pourquoi *ai-je* si facilement tendance à renoncer ? Pourquoi toujours choisir la facilité ? Pourquoi est-ce que je cherche à tout esquiver dans la vie ? »

Gabriel répondit sur-le-champ : « Comme être humain, tu fuis et tu choisis la facilité à cause de ton manque de compréhension. Tu abandonnes parce que tu manques de foi. »

« La compréhension de quoi, au juste ? »

« D'abord, tu n'as pas encore compris que les détours continuels ne sauraient mener un homme sur la voie de la grandeur. Les détours ne développeront pas tes muscles. Les détours ne te procureront pas de précieuses leçons dans la vie. Entre toi et tout ce qui compte pour toi, tu trouveras toujours des géants sur ta route.

« Choisir la facilité ne rend pas les choses plus faciles pour autant. Et cela ne conduit pas quelqu'un à la destination qu'il souhaitait. La plupart des hommes choisissent la facilité lorsque les choses se corsent. La plupart appuient sur les freins lorsque le chemin paraît dangereux. Ce sont là des moments où tu dois ressentir le poids de ton avenir sur tes épaules – une force dont tu sens la pulsion battre dans tes veines, une force que nul ne peut contrer et qui déterminera le cours de ta destinée.

« Les temps de calamité et de détresse ont toujours façonné les hommes parmi les plus grands. L'acier le plus robuste est obtenu en l'exposant au feu le plus intense ; l'étoile la plus brillante déchire la nuit la plus noire. »

David demeura silencieux un bref moment. Il semblait perdu dans ses pensées. Puis, comme s'il avait conservé dans sa mémoire les paroles de l'ange, il dit : « Gabriel, vous avez mentionné également que je manquais de foi. »

« Ce que j'ai dit est que ceux qui abandonnent manquent de foi. »

« Et vous vouliez dire… »

« Je parlais de votre race, la race humaine. Sauf pour quelques exceptions, vous manquez de ce genre de foi qui produit la grandeur, ajouta Gabriel en soupirant. Ce n'était pas toujours le cas de par le passé. Ta civilisation était vivante, vibrante même, à une certaine époque. Elle était productive et glorieuse. Maintenant, regarde ce qu'il en reste – une troupe de rebelles égarés et sceptiques, vacillants et sur le point de disparaître. »

« Comment ? rétorqua David, comme s'il n'en croyait pas ses oreilles. Nous vivons à l'époque la plus avancée que cette planète ait jamais connue ! »

Gabriel secoua la tête d'un air attristé. « Tu sembles n'avoir véritablement aucune mémoire ni connaissance de ta propre histoire. Parfois, lorsque je suis assis en présence de notre Père et que j'observe les mouvements de votre civilisation, à mesure que le temps passe, je suis estomaqué par l'arrogance que manifeste ton peuple. À plusieurs reprises, j'ai demandé la permission de vous apprendre une bonne leçon, mais jusqu'ici, Sa patience a dépassé largement la mienne.

« Cela m'amuse que tu voies ta civilisation comme étant si avancée. Il y a eu déjà sur la terre une culture si hautement évoluée qu'elle vous ferait paraître comme des enfants bornés. Son savoir en matière de mathématique, de métallurgie, d'ingénierie et d'architecture était bien supérieur à ce que vous considérez comme admirable aujourd'hui. C'étaient là des gens dont la compréhension était vaste, qui possédaient une sagesse extraordinaire et une foi encore plus grande. »

« Pourquoi n'avons-nous jamais entendu parler de ces gens ? » demanda David, incrédule.

« Parce que la plupart de vos scientifiques opèrent à partir d'un paramètre de temps beaucoup trop restreint, dit Gabriel. Quelques-uns d'entre eux, cependant, commencent à émettre l'hypothèse selon laquelle cette société aurait précédé les Aztèques et les Incas de plus de trente mille de vos années. »

« Et quelle preuve avons-nous de cela ? »

Gabriel se mit à rire. « Pas grand-chose qui puisse te donner satisfaction, à ce moment-ci. Pour être franc, tu te trouves à une trop grande distance de ces gens en termes de capacité et de temps. Ta civilisation arrive à peine au point où elle commence à reconnaître les quelques rares évidences qui restent de leur existence. »

« Quelles évidences ? »

Gabriel fit une pause durant un moment, puis il dit : « L'ingénierie des temples de Cuenca, toujours debout au milieu de ce que vous appelez l'Amérique du Sud, utilisait des pierres de forme rectangulaire qui pesaient plus de cent mille kilos pièce. Les constructeurs de Baalbek, au Liban, ont utilisé des pierres angulaires aussi gigantesques que vos édifices de cinq étages. Ces pierres pesaient plus de six cent mille kilos chacune.

« Dans ces deux endroits, sans parler de plusieurs autres, dois-je ajouter, les blocs andésitiques ont été extraits de leur carrière et alignés si parfaitement que des joints n'ont pas été nécessaires. Simplement pour couper de telles pierres aux mêmes dimensions aujourd'hui, vos ingénieurs doivent faire appel à une scie au laser utilisant une pointe de diamant. Et ils n'arrivent pas à en reproduire les dimensions.

« Tu connais sûrement les statues d'Abou Simbel, en Égypte. Elles s'élèvent à plus de trente mètres de hauteur, font près de cinquante mètres de largeur et pèsent trente-trois tonnes. Lorsqu'un groupe d'experts internationaux, comprenant les plus grands ingénieurs de votre civilisation, se sont rassemblés pour trouver le moyen de les conserver avant l'achèvement du haut barrage d'Assouan, ils ont conclu que le seul moyen possible de déplacer ces statues était de les découper en petites sections et de les rassembler ensuite sur un terrain plus élevé. Pourtant, les concepteurs d'origine avaient découpé le roc initial à des kilomètres de distance et l'avaient transporté sur place en une seule pièce.

« Leurs connaissances en astronomie dépassaient largement les niveaux actuels. Ils savaient que le dôme céleste est fixe – que votre soleil, la lune et les étoiles gravitent. Ils connaissaient la circonférence exacte de la Terre et ont utilisé cette information comme base des systèmes de mesure à travers le monde. Vos mathématiciens et vos ingénieurs ont eu l'occasion de découvrir cela dans des édifices antiques en Amérique du Sud et en Europe parce que les gens de l'époque ont incorporé ces données dans leur architecture. Et ces équations ont été calculées à la perfection. Vous n'avez été en mesure d'obtenir de telles valeurs qu'une fois que Spoutnik a fait le tour de la Terre, en 1957.

« La vérité n'a assurément pas besoin de preuves, ajouta Gabriel en souriant. Mais puisque tu étais si curieux, je pense que cela devrait te fournir de quoi faire fonctionner ta matière grise. »

Pour un moment, David demeura immobile. Il arrivait à peine à comprendre l'énigme de l'histoire que Gabriel venait de partager avec lui. Il n'avait aucun doute qu'elle était vraie, toutefois. « Pourquoi ne sont-elles plus là ? finit-il par demander. Pourquoi ces civilisations ont-elles disparu ? »

« Pour les mêmes raisons que ta propre civilisation se trouve actuellement en péril, répondit Gabriel, prudent. À cause de l'arrogance, de l'ingratitude et de la perte de la foi. Les gens de ta génération ont atteint le bord de la même falaise en un temps extraordinairement court. »

« Y a-t-il quelque chose que nous puissions faire pour revenir sur nos pas ? »

« Bien sûr, répondit Gabriel. Et c'est précisément la raison pour laquelle tu te trouves ici. » Gabriel se releva et aida David à se remettre sur ses pieds. Cherchant dans les replis de son vêtement, l'ange en sortit un petit rouleau. Le déposant sur la paume retournée de sa main, il le tendit à David et dit : « Cette décision constitue la dernière portion de l'ensemble. Prends-la. »

Lorsque David tendit la main pour saisir le petit rouleau, Gabriel fronça les sourcils. « Je ne suis pas certain des raisons pour lesquelles tu as été choisi pour jouir d'un si formidable honneur, David Ponder, car je ne suis qu'un messager. » Il fit une pause pour respirer profondément. « Tu es le dernier voyageur. Il n'y en aura pas d'autres après toi. Tu as reçu un cadeau qui a le pouvoir de transformer ta civilisation. À partir de maintenant, tout repose entre tes mains.

« Tu devras méditer chacune de ces décisions durant vingt et un jours. Il te faudra lire chacune d'entre elles à haute voix deux fois par jour durant vingt et un jours. D'abord, à ton réveil, puis comme dernière chose que tu feras avant de t'endormir. Tu ne dois pas manquer une seule journée. Chaque décision fera bientôt partie de ton être, inscrite au plus profond de ton cœur, enracinée dans ton âme.

« Tu partageras le don de ces décisions avec autrui. Ceux qui assimileront et mettront en pratique ces leçons s'élèveront vers les sommets et inspireront les autres à atteindre la même grandeur. Ceux qui ignoreront la puissance de ces parchemins pourront te sembler prospérer pour un temps, mais ne te laisse pas séduire. Leur vie ne sera qu'illusion passagère et lorsque leur temps sera accompli, ils se trouveront enchaînés au Miroir des regrets. C'est là que, pour l'éternité, ils contempleront le reflet de la personne qu'ils auraient pu devenir. »

Gabriel posa ses mains de chaque côté du visage de David. « Tu as tout ce dont tu as besoin, David Ponder. Tu sais que tu n'es pas seul. Tu as le privilège d'être guidé en ce moment. Il n'y aura jamais de raison pour toi de perdre la foi. Le futur, tel que tu le choisiras, t'appartient. Mais n'oublie pas, surtout. Ton futur *est* celui que tu auras choisi. Notre Créateur t'a accordé le pouvoir extraordinaire des paroles de sagesse contenues dans les Sept décisions. Mais notre Créateur t'a également accordé le libre arbitre. Si tu choisis de ne pas intégrer cette sagesse à ta vie, si tu choisis d'en négliger la puissance, cet avenir sera perdu à jamais. »

David prit les deux mains de Gabriel dans les siennes et il dit : « Merci. Je vais faire le meilleur usage possible de ce don. »

Gabriel sourit en reculant jusqu'au milieu de l'allée. « Oui, David Ponder, dit-il, je pense que ce sera effectivement le cas. » Après avoir dit ces mots, il déploya lentement ses ailes au-dessus de sa tête pour les ramener rapidement de chaque côté en relevant les bras. Il y eut un coup de vent semblable au tonnerre quand il s'envola pour disparaître en un instant. David s'avança rapidement dans l'allée et jeta un regard en haut, mais il ne parvenait toujours pas à apercevoir ni le plafond… ni aucun signe de l'ange.

Durant un moment, il resta là à regarder et à réfléchir. Puis, il entreprit de se diriger à pas lents vers un endroit en particulier. Rendu à la section où se trouvait le piédestal, David jeta de nouveau un coup d'œil autour de lui, comme pour mémoriser l'endroit et sa signification. Alors, il s'assit par terre à l'endroit où il avait ressenti tant de douleur peu de temps auparavant. Il déroula le document remis par Gabriel et le lut.

LA SEPTIÈME DÉCISION EN VUE DE LA RÉUSSITE

Je vais persévérer sans me relâcher.

Sachant que j'ai déjà apporté des changements à ma vie qui vont durer éternellement, j'y ajoute aujourd'hui la dernière pièce du casse-tête. Je jouis de la faculté la plus puissante jamais accordée à l'humanité, le pouvoir de choisir. Aujourd'hui, je choisis de persévérer sans me relâcher. Plus jamais vais-je vivre dans la distraction continuelle, mon attention étant attirée tantôt ici, tantôt là, comme une feuille un jour de grand vent. Je sais quel résultat je désire. Je vais tenir ferme dans la poursuite de mes rêves. Je vais maintenir le cap. Je ne vais pas abandonner.

Je vais persévérer sans me relâcher. Je vais poursuivre mes efforts même lorsque je suis épuisé.

Je reconnais que la plupart des gens abandonnent quand la fatigue s'installe. Je ne suis pas comme « la plupart des gens ». Je suis plus robuste. Les gens moyens voient l'épuisement comme étant dans le cours des choses. Ce n'est pas mon cas. Les gens moyens se comparent aux autres. C'est la raison pour laquelle ils sont moyens. Je m'évalue plutôt en fonction de mon potentiel. Je ne suis pas quelqu'un dans la moyenne. Je vois l'épuisement comme un signe précurseur de la victoire.

Combien d'efforts et de persévérance un enfant doit-il investir avant de pouvoir effectivement se mettre à marcher ? N'ai-je pas davantage de force qu'un enfant ? Davantage de compréhension, d'aspiration ? Combien de temps devrais-je poursuivre mes efforts avant de connaître enfin la réussite ? Un enfant ne poserait jamais une telle question, car la réponse ne l'intéresse pas. En persévérant sans me relâcher, le résultat auquel j'aspire – ma réussite – est assuré.

Je vais persévérer sans me relâcher. Je me concentre sur les résultats.

Pour atteindre les résultats que je désire, il n'est même pas nécessaire que je prenne plaisir au processus. Il suffit simplement que je *persévère* en gardant les yeux fixés sur le résultat souhaité. L'athlète ne prend pas plaisir à la douleur de l'entraînement ; il se réjouit des résultats qu'il obtient après s'être entraîné. Le jeune faucon est poussé hors du nid et il est rempli d'appréhension en tombant de la falaise. La douleur d'apprendre à voler ne saurait être une expérience agréable, mais l'angoisse de devoir apprendre à voler est rapidement oubliée lorsque le faucon plane tout là-haut dans le ciel.

Un marin qui regarde avec crainte la tempête secouer son navire dirigera toujours ce dernier sur un parcours incertain. Mais un capitaine sage et expérimenté gardera les yeux fixés inlassablement sur le phare. Il sait qu'en dirigeant son navire tout droit vers un point précis, le temps vécu dans l'inconfort sera ainsi réduit. Et en gardant les yeux sur la lumière, il ne connaîtra jamais une seconde de découragement. J'ai ma lumière, mon port, mon avenir bien en vue !

Je vais persévérer sans me relâcher. Je suis quelqu'un qui fait preuve d'une foi inébranlable.

Dans le livre du prophète Jérémie, mon Créateur déclare : « Car je connais les projets que j'ai conçus en votre faveur ; ce sont des projets de paix et non de malheur, afin de vous assurer un avenir plein d'espérance. » À partir d'aujourd'hui, la foi dont je ferai preuve sera basée sur la certitude d'un tel avenir. Depuis trop longtemps ma vie a été gaspillée à nourrir des doutes quant à mes convictions intimes et à croire en ces doutes. Plus jamais ! J'ai maintenant foi en mon avenir. Je ne vais pas tourner les regards à gauche ou à droite. Je vais regarder droit devant. Mon seul choix est de persévérer.

Pour moi, la foi sera toujours un guide plus sûr que la raison, parce que la raison peut me guider pour un temps seulement tandis que la foi n'a pas de limites. Je vais m'attendre à des miracles dans ma vie parce que la foi les produit tous les jours. Je vais croire en un avenir que je ne vois pas encore. C'est là l'essence de la foi. Et la récompense de la foi est de voir éventuellement se concrétiser le futur auquel je croyais.

Je vais poursuivre mes efforts malgré l'épuisement. Je garde les yeux sur les résultats. Je suis quelqu'un qui fait preuve d'une foi inébranlable.

Je vais persévérer sans jamais me relâcher.

Chapitre dix

DAVID EXPIRA BRUYAMMENT APRÈS UNE LONGUE INSPIRATION. Roulant soigneusement le document pour qu'il ait une forme compacte, il se remit debout et extirpa la blague de sa poche de jeans gonflée. Perdu dans ses pensées durant quelques secondes, David parcourait de ses doigts le tissu patiné du cadeau que Chamberlain lui avait si candidement offert.

Il caressa les deux boutons dorés qui tenaient la pochette fermée et s'émerveilla de la précision avec laquelle on avait ciselé un aigle sur chacun. Avec l'ongle de son index, David traça les mots en croix brodés sur le rabat. *Le symbole d'un guerrier,* pensa-t-il. *C'est ce que je suis. Je ne suis pas un lâcheur. Je suis quelqu'un qui se bat.* David sourit. « Je vais persévérer sans jamais me relâcher », dit-il à haute voix.

Il détacha rapidement les boutons et enfonça le petit rouleau de Gabriel dans la blague. Il le plaça entre le mot d'un roi et le parchemin remis par un explorateur. David aperçut aussi le papier à lettres blanc immaculé de deux présidents, dos à dos, comme s'ils avaient été rangés soigneusement au fond de la blague, à côté d'un bout de papier chiffonné rédigé par la main d'un soldat. David remarqua, en pressant le contenu de la pochette, avant de refermer le rabat, les quatre petites pages arrachées du journal d'une jeune fille.

« Merci à vous », murmura-t-il en replaçant le petit sac dans sa poche. Il était bouleversé en pensant aux personnes qu'il avait rencontrées. Puis, David s'arrêta. Percevant tout à coup les choses dans une perspective plus large, il ferma les yeux, pencha la tête et répéta : « Merci à vous. »

• • •

Quand David ouvrit les yeux, il se tenait debout dans un vaste parc de stationnement. Il esquissa un sourire en s'esclaffant presque de l'*absence* de stupéfaction de sa part. Il ne savait pas où il se trouvait, mais il était intrigué de constater qu'il n'avait pas peur et qu'il n'avait aucune appréhension quant à ses capacités. Jetant un coup d'œil autour, il se demanda s'il allait même jamais être bousculé par quoi que ce soit à nouveau !

Il faisait très froid et c'était manifestement la nuit, bien qu'un éclairage intense illuminât l'endroit comme en plein jour. Le stationnement, bondé de voitures, était aménagé autour d'un gigantesque aréna fait de métal et de verre qui se trouvait à plusieurs centaines de mètres de distance. David se sentit mystérieusement attiré vers l'édifice et avança dans sa direction.

Se faufilant à travers les voitures et les quelques arbres du parc de stationnement, David sentit son cœur battre lorsqu'il comprit où il se trouvait. À sa gauche, s'élevant presque au-dessus de l'édifice vers lequel il se dirigeait, se trouvait la Reunion Tower. Dans la série de gratte-ciel alignés derrière, David aperçut le Magnolia Building dont la marque de commerce – un cheval rouge volant – trônait tout en haut.

À sa droite, les surplombant tous, se trouvait le Joyeux Géant Vert. C'est le nom, se rappelait-il, que Jenny avait donné à l'édifice, une semaine après que les lumières d'argon vertes aient été installées sur toute la longueur de l'énorme building. La structure, le gratte-ciel de la Banque Nationale, avait été depuis des années l'édifice le plus haut de Dallas. David comprit qu'il était chez lui.

Je suis de retour, pensa-t-il en accélérant le pas. Mais quelque chose lui semblait clocher. Marchant toujours en direction de l'aréna, David regarda à nouveau le Joyeux Géant Vert. Derrière, à environ un kilomètre et demi et légèrement vers l'est, se trouvait un édifice s'élevant encore plus haut et que David n'arrivait pas à reconnaître. Il s'agissait d'une merveilleuse tour de granite blanc qui était illuminée à partir du sol jusqu'en haut.

David s'arrêta et fit lentement un tour complet sur lui-même. Il examina les gratte-ciel au nord, puis ceux à l'est, au sud et à l'ouest. Il y aperçut d'autres nouveaux édifices également. Fronçant les sourcils, David posa les mains sur ses hanches et pensa : *Comment ? Dallas s'est transformée du jour au lendemain ?* Marchant vers la voiture qui se trouvait devant lui, David écarquilla les yeux. Il s'agissait d'une Jaguar décapotable rouge, mais d'un modèle qu'il n'avait jamais vu auparavant. À côté de la Jaguar se trouvait une camionnette Ford bourgogne, suivie d'une Lincoln blanche. Elles semblaient toutes différentes, d'une manière, peut-être plus rutilantes ? Un nouveau type de peinture ?

Il pivota sur lui-même à nouveau et compta onze édifices dont il était certain qu'ils n'étaient pas là lorsque… David pencha la tête de côté, releva un sourcil et sourit. Il se retourna vers la Jaguar et se mit à rigoler. « Je comprends, dit-il à la voiture, tu es d'un modèle de dix ou vingt ans plus avancé que tout ce que j'ai vu auparavant. »

« Je suis dans le futur, conclut-il intérieurement, en reprenant sa marche vers l'aréna. Je suis dans le futur. » Il poussa un profond soupir en secouant la tête. « Ceci risque de s'avérer très intéressant. »

Une fois plus près du gigantesque édifice, David se faufila entre les taxis alignés pour monter sur le large trottoir. Il y avait quelques rares personnes vêtues avec goût mais vraisemblablement en retard et pressées de franchir au plus vite les tourniquets. David déambula sur les lieux durant quelques minutes, voyant la même scène se répéter à chaque porte d'entrée. Il fouilla ses poches, sachant qu'il n'avait pas d'argent, mais espérant qu'un ticket d'entrée y ait été déposé comme par magie. *Des tas de choses encore plus étranges se sont produites,* pensa-t-il, l'air désinvolte.

D'accord, se dit-il en se tenant devant l'aréna, *je n'ai pas de ticket, je n'ai pas d'argent, je suis en train de mourir de froid – que faire maintenant ?* Pensant que peut-être un ticket avait été laissé au guichet à son nom, David s'approcha de la cabine à la droite de l'entrée la plus proche et il dit à la dame qui se trouvait derrière la vitre : « Excusez-moi... »

Ellc portait un chandail vert foncé qui contrastait avec le roux de sa chevelure. Elle devait se trouver, selon l'estimation de David, au début ou au milieu de la cinquantaine. Elle était en train de compter rapidement les talons des tickets, ses lunettes logées avec précarité tout au bout de son nez. Lorsqu'elle s'arrêta brièvement pour mémoriser le résultat de son calcul, David fit une deuxième tentative. « Excusez-moi, madame... » Elle leva les yeux. Ouvrant la bouche pour dire quelque chose, David s'aperçut qu'elle souriait à un homme qui s'avançait derrière lui.

« Puis-je vous aider ? demanda la préposée à l'homme, tandis que David se tassait promptement sur le côté. Observant l'interaction entre les deux, il conclut : *Eh bien, il semble que je sois invisible dans le futur aussi.*

David fit lentement le tour de l'aréna de nouveau. À plusieurs reprises, provenant de l'intérieur, il entendit la clameur des ovations de ce qui lui semblait être un très grand nombre de personnes. Il s'arrêta brièvement en voyant une petite entrée sans aucune inscription et non éclairée, qui se trouvait dans la pénombre, à quelques mètres de lui.

Un petit homme maigrichon en émergea bientôt dans la lumière tamisée. Un concierge, sans doute, puisqu'il était vêtu de salopettes et tenait un large balai. Déposant l'instrument contre le mur de ciment de l'édifice, l'homme sortit une casquette qu'il posa sur sa tête et mit la main dans sa poche pour y prendre sa pipe. Lorsqu'il craqua une allumette, David put apercevoir son visage durant quelques secondes. *Âgé,* pensa-t-il.

Il n'était pas consciemment intéressé par l'âge de l'homme, mais avait simplement noté en pensée ce que son regard venait de capter. David avança alors à quelques pas de distance du concierge. Le vieil homme observa David en train de s'approcher et lui fit un signe de la tête en soulevant sa pipe.

« Bonsoir, dit-il. Est-ce que ça va ? »

« Je vais très bien, merci », répondit spontanément David. Puis, rempli d'excitation, il s'arrêta : « Hé ! Vous pouvez me voir ? »

« Euh, bien sûr que je peux te voir », rétorqua l'homme, un peu confus. Il remit sa pipe dans sa bouche. « J'suis pas aveugle, fiston. C'est pas parce que je… » David s'était approché et le vieil homme aperçut enfin son visage plus distinctement. « Ma foi du bon dieu ! » marmonna-t-il. Sa pipe, libérée alors qu'il desserrait sa mâchoire, se retrouva sur le trottoir. David se pencha illico pour la ramasser. « Je ne vous avais pas reconnu… » marmonna l'homme âgé. « Je suis vraiment désolé, monsieur. »

« Merci, merci beaucoup », rajouta l'homme, en prenant la pipe pour la remettre rapidement dans sa poche. David se demanda si elle était toujours allumée, mais n'osa pas le demander. Il était trop intrigué par la réaction du vieux bonhomme. « Monsieur, dit ce dernier, si vous permettez que je vous le demande, êtes-vous ici pour vérifier que tout se passe bien ? Il y a des tas de personnes à l'intérieur ce soir qui vous sont énormément reconnaissantes, monsieur. Ma femme ne me croira pas, lorsque je le lui raconterai ! Puis-je vous serrer la main, monsieur Ponder ? Je m'appelle Jack Miller. »

En lui serrant la main, David demanda : « Vous savez qui je suis ? »

« Vous en faites pas, dit Jack d'un air complice, en regardant à gauche, puis à droite. J'ai saisi, v'savez… J' vas m'fermer la trappe. J'voudrais m'faufiler en cachette pour rien manquer aussi, si j'étais vous, vu que tout le monde parle de vous ! J'vous ai pas vraiment r'connu au départ. Bon sang, avec vos cheveux noirs, vous r'semblez à vos vieilles photos. Dites donc, fit-il, après une brève pause et soudainement préoccupé, vous n'avez pas peur de vous promener tout seul comme ça ? »

David sourit à peine en relevant un sourcil. Il essayait d'assimiler tout ce qui se passait. « Il n'y a pas raison de vous inquiéter, dit-il. En passant, avez-vous une objection à ce que j'emprunte cette entrée ? »

Jack avait la bouche fendue jusqu'aux oreilles. « Bah… Vous avez construit l'endroit, alors libre à vous de choisir la porte que vous voulez ! Venez. » Le vieil homme replaça sa casquette dans sa poche, pénétra à l'intérieur et, lui faisant un signe de la main, invita David à le suivre.

Ils marchèrent à travers un petit hall avant d'emprunter un large tunnel au sous-sol qui faisait le tour de l'aréna. David essayait de tirer au clair la raison pour laquelle il semblait *avoir* quelque chose à voir avec cet immense endroit. Marchant à grands pas le long du tunnel, Jack salua plusieurs fois différents groupes de travailleurs. Ils le saluaient en retour, hochaient la tête ou l'appelaient par son nom. « Votre déguisement fonctionne à merveille, chuchota-t-il bruyamment à David. On dirait que personne ne vous reconnaît ! »

Bien sûr, pensa David en se retenant de rire, *ils ne me reconnaissent pas parce qu'ils ne me voient tout simplement pas. Vous, par ailleurs, qui marchez tout seul en envoyant la main à tout le monde et qui semblez vous parler à vous-même, devez sûrement être plutôt drôle à voir !*

« Hé, dit Jack en s'arrêtant de marcher tout à coup. Je ne vous ai même pas demandé où vous vouliez aller. Devrais-je vous conduire à votre loge là-haut ? »

David secoua la tête. Cela lui semblait un peu trop. « Je voudrais simplement me promener ici et là, si cela ne vous embête pas. »

Jack regarda David comme s'il avait perdu la raison. « En êtes-vous certain ? ajouta-t-il. Je pourrais marcher avec vous si vous le voulez. »

« Non, cela ne sera pas nécessaire, je vous assure. J'apprécie votre offre cependant. Et en passant, ajouta David, en tendant la main, cela fut un réel honneur de vous rencontrer. »

« Ah bon ! marmonna Jack en secouant la main de David vigoureusement. Un honneur de me rencontrer ? Attendez que je dise cela à ma femme. »

David laissa le vieil homme et continua son chemin le long du tunnel. Il arriva bientôt à une rampe d'accès qui menait, découvrit-il, directement dans l'enceinte de l'aréna. Une fois à l'étage principal, David fut estomaqué devant le grand nombre de personnes qui s'y trouvaient réunies. Il avait conclu à première vue que l'édifice pouvait contenir un assez large auditoire, mais il n'avait jamais imaginé, pour une raison ou une autre, l'endroit bondé de gens. Il devait bien s'y trouver quatre mille personnes assises au premier niveau seulement.

S'éloignant de la pénombre de la rampe d'entrée, David effectua un lent tour complet sur lui-même. Il aperçut rapidement les gigantesques écrans vidéo suspendus au plafond. Ceux-ci servaient à offrir aux spectateurs une vue rapprochée de l'action lors des différents événements. De son point d'observation, David put voir qu'ils étaient certainement nécessaires dans ce genre d'endroit. Il y avait trois terrasses complètes surplombant l'étage principal, chacune remplie à craquer. *Vingt-cinq mille spectateurs au moins...* se dit David. *Peut-être même trente mille...*

Il avait entendu des acclamations et des applaudissements à plusieurs reprises quand il était à l'extérieur de l'aréna, et au moins deux fois quand il était dans le tunnel. Il s'était dit alors que le bruit à l'intérieur devait être assourdissant. Mais l'endroit lui semblait maintenant étonnamment silencieux malgré tout. Personne ne se promenait ou même ne bougeait sur son siège. Personne ne toussait ou ne se raclait la gorge. Chaque personne dans l'assistance avait les yeux rivés sur l'estrade.

Cette estrade, considérant le gigantisme de tout ce qui l'entourait, avait un aspect plutôt simple. Elle était élégamment décorée de verdure et six colonnes blanches de style romain s'élevaient à partir de la scène à plus de six mètres de hauteur. L'estrade ne se trouvait pas à une extrémité de l'aréna comme on s'y serait attendu, mais plutôt sur un large rebord du premier plancher, au pied de la première terrasse de spectateurs. L'arrière de la plateforme demeurait ouvert de manière à ne bloquer la vue à personne, quel que soit l'endroit où l'on se trouvait. L'effet était celui d'un amphithéâtre.

Ce n'est qu'inconsciemment, bien sûr, que David remarqua certains détails de l'estrade en question. Son attention première fut attirée vers le podium en verre au milieu de la plateforme.

Comme les milliers de spectateurs dans l'assistance, les yeux de David étaient rivés sur l'homme en train de s'adresser à la foule.

Bien qu'il se trouve sur le côté opposé de l'aréna, David était placé presque directement en face de l'estrade et il était suffisamment près pour remarquer que l'orateur était un homme de haute stature. Il devait faire plus de un mètre quatre-vingt-douze ; il était plutôt svelte et portait un costume trois pièces gris pâle très luxueux. L'homme paraissait dans le milieu de la quarantaine et avait un charme évident – frappant même dans un certain sens –, ses cheveux foncés contrastant fortement avec le gris de ses habits. Il était en train de pleurer.

David examina attentivement l'homme en question, puis il tourna les yeux vers l'écran suspendu tout près pour s'assurer en gros plan de ce qu'il croyait avoir aperçu. Assurément, des larmes coulaient le long des joues de l'homme comme il prononçait ces mots : « Il y a seulement six ans de cela, nous étions sans ressources financières et sans espoir. Ma fille de neuf ans était étendue sur un lit d'hôpital dans un état critique, et je travaillais alors vingt heures par jour, mais financièrement, ce n'était pas assez. Je n'avais plus d'assurances et plus personne apparemment pour me venir en aide.

« Au volant de ma vieille bagnole, en rentrant du travail ce soir-là, je n'arrivais pas à détacher mes yeux de la photo de ma fillette que j'avais posée sur le siège à côté de moi. C'était une photo d'elle lorsqu'elle était en troisième année. J'ai commencé à imaginer différents scénarios qui permettraient à ma famille de réclamer la prime de la seule assurance qu'il lui restait, celle sur ma vie. »

David arrivait à peine à respirer en écoutant, complètement sidéré, l'histoire racontée par l'homme, qui semblait étrangement similaire à la sienne.

« Grâce à l'argent qui lui permettrait de payer les factures et de recommencer à zéro, continua l'homme, la moue au coin des lèvres et la voix tremblante, je me disais que ma femme pourrait peut-être un jour trouver un nouveau mari et ma fille un nouveau papa. Quelqu'un qui ne les laisserait pas tomber. Je pensais procurer ainsi à ma famille la vie qu'elle méritait.

« J'ai rangé ma voiture au bord de la route et je suis demeuré assis là à réfléchir durant plusieurs minutes. J'ai pris la photo de ma fille et l'ai tenue dans ma main. Je pouvais imaginer les tubes chirurgicaux branchés à son petit corps. J'ai fermé les yeux et je pouvais entendre le respirateur artificiel poussant l'air dans ses poumons. Et tout à coup, j'ai eu terriblement honte !

« J'ai eu honte d'avoir imaginé un seul instant de l'abandonner et d'avoir envisagé l'option de tout laisser tomber. Oui, j'avais honte. Mais j'ai aussi senti une force nouvelle jaillir du fond de moi, car je savais que je vivais un point tournant dans ma vie pour lequel la Première décision s'appliquait à merveille. J'ai regardé ma fille sur la photo, mon sang, celle dont j'étais responsable, et je me suis dit : “À partir de maintenant, je prendrai mes responsabilités. Si tu luttes si fort pour demeurer en vie, alors assurément, je devrais lutter tout aussi fort pour assurer ton avenir !” »

David avait été si étonné par la mention d'une des Sept décisions et si captivé par le récit de l'homme en train d'épancher son cœur qu'il fut décontenancé par les applaudissements soudains et soutenus de l'assistance. Les gens étaient debout dans l'aréna et ils applaudissaient l'honnêteté et le courage de l'homme, qui se tenait là, attendant inconfortablement que l'ovation cesse, les yeux baignés de larmes.

Quand les applaudissements eurent cessé et que les gens eurent repris leur siège, David aperçut une chaise vide, à moins de quinze rangées de l'estrade. Avançant rapidement, il alla occuper le siège. Il s'y assit et leva les yeux vers le podium tandis que l'orateur poursuivait.

« Le choix s'est avéré très simple à faire, en réalité, un choix fait dans l'adversité. Aujourd'hui, nos vies ont été changées, bien sûr, financièrement, émotionnellement, spirituellement. La transformation s'est effectuée à tous les niveaux. Ma famille a retrouvé la liberté. Voyez-vous, ce n'était pas suffisant que je connaisse les Sept décisions en vue de la réussite, ou même que j'en saisisse la signification profonde. C'est lorsque j'ai décidé de les intégrer réellement à ma vie que l'avenir de ma famille a été assuré pour des générations à venir. »

L'homme fit une pause pour avaler une gorgée d'eau. Il s'essuya les yeux avec son mouchoir et se déplaça à côté du podium. Y posant le coude gauche, il fit un geste de la main droite en disant : « Réfléchissez un moment avec moi, si vous le voulez bien. Il est vrai que la plupart d'entre nous ont une perspective plutôt limitée du monde qui les entoure, de son histoire et de leur propre capacité d'exercer une influence sur ce qui se passe au-delà de leur quartier. En termes d'histoire personnelle et d'héritage, nous avons tendance à restreindre notre champ d'intérêt à pas plus de trois ou quatre générations. En règle générale, nous ne sommes pas en mesure de nommer les prénoms de nos arrière-grands-parents !

« Il y a maintenant un certain nombre d'années, mais tout de même dans le cours de notre propre génération, David Ponder a offert au monde la *possibilité* d'une réussite à la portée de chacun. Notre présence ici ce soir est la preuve du fruit de ce don. Mais je suis également ici pour vous mettre au défi de saisir un futur qui dépasse largement vos pensées et vos actions présentes.

« Il arrive un moment dans la vie de toute personne où une décision s'impose. Et cette décision, si vous la prenez, aura des effets d'une portée considérable sur les générations qui n'ont pas encore vu le jour. Il existe un mince fil vous reliant à des centaines de milliers d'individus. Votre exemple, vos actions et oui, même une seule décision, peuvent littéralement changer le monde. J'aimerais le répéter une fois de plus. Une décision, celle que *vous* prenez, pourrait littéralement changer le monde. »

L'orateur maintint étonnamment le contact visuel avec l'auditoire durant plusieurs secondes après avoir lancé cette affirmation. Puis, il revint derrière le podium et avala une autre gorgée d'eau. Déposant le verre, il regarda ensuite la foule en rigolant. « Vous savez, reprit-il, c'est une sensation incroyable que celle de ressentir le scepticisme de milliers de personnes à la fois ! » Il sourit, tandis que la foule réagissait en rigolant chaleureusement à son tour. « Bon, d'accord. Je vais réessayer ! Une seule décision, celle que *vous* prenez, pourrait littéralement changer le monde. »

Ayant dit cela, l'homme se déplaça vers une extrémité de l'estrade et il se mit à raconter une histoire. David demeurait assis, rivé à son siège tandis que l'orateur se promenait çà et là sur la scène, sollicitant l'attention des spectateurs devant lui, derrière lui, de même que de ceux qui se trouvaient tout là-haut dans cet amphithéâtre. L'histoire qu'il raconta, bien qu'elle soit arrivée plus d'un siècle auparavant, était parfaitement exacte en termes de détails. David savait qu'elle était vraie parce qu'il y était.

« Le 2 juillet 1863. Il faisait très chaud et humide ce jour-là, et un instituteur du Maine se trouvait entraîné dans un combat pour sa vie.

« Son nom est Joshua Lawrence Chamberlain, anciennement professeur de rhétorique au collège Bowdoin, et devenu colonel, à trente-quatre ans, dans l'armée de l'Union. L'endroit ? Gettysburg, en Pennsylvanie. »

L'orateur fit ensuite la description de la situation périlleuse dans laquelle les troupes de Chamberlain se trouvaient ce jour-là, tandis que ses soldats tentaient de tenir leur position devant les hommes du général Lee, de l'armée de la Virginie du Nord. Après avoir subi cinq attaques meurtrières de la part des Rebelles, Chamberlain comprit que ses hommes ne seraient pas en mesure de retenir les forces ennemies bien longtemps.

L'orateur expliqua : « Plus de la moitié des soldats de son régiment étaient morts et plusieurs parmi les autres étaient blessés. Il faisait face à un ennemi plus de cinq fois supérieur en nombre et la dernière attaque avait eu lieu de part et d'autre du mur dans un combat face à face. Il n'avait aucune idée de comment ils étaient parvenus à repousser les Rebelles jusqu'au bas de la colline. Certains de ses hommes, écrit-il plus tard, en étaient rendus à lutter contre l'attaquant à la force de leurs seuls poings.

« Après avoir fait un bref survol de la situation, il parut évident qu'il restait moins de deux projectiles par personne. À toute fin pratique, le Vingtième Maine n'avait plus de munitions. Jetant un coup d'œil au bas de la colline et constatant que les attaquants se préparaient à lancer l'assaut final, considérant même leur défaite comme certaine, et leur mort assurée, les officiers de Chamberlain lui conseillèrent de se rendre. “Ils nous sont très supérieurs en nombre, plaidèrent à grands cris ces hommes, et il ne nous reste plus rien avec quoi nous battre. La situation nous apparaît sans espoir. Sans aucun espoir.”

« Joshua Chamberlain se tint là un moment sans rien dire. “Les voilà qui approchent, monsieur”, dit un sergent sur un ton pressant. Chamberlain ne lui répondit rien. Il était en train de calculer les coûts éventuels reliés au fait de rester figés sur place. Le prix, estima-t-il, lui paraissait à peu près le même que celui de prendre la fuite.

« “Joshua ! insista le premier lieutenant, qui était son frère Tom. Joshua, cria-t-il, il te faut donner un ordre.”

« Et c’est ce qu’il fit, justement. Chamberlain savait qu’il n’avait pas été placé sur cette terre pour échouer. L’échec, en effet, est le seul résultat possible d’une vie essentiellement axée sur le maintien du *statu quo*. Il fallait foncer vers l’avant ou ils allaient mourir ! “Fixez vos baïonnettes !” hurla-t-il. Ses hommes se tournèrent vers lui en se demandant s’il n’avait pas perdu la raison.

« “Pardonnez-moi, monsieur”, demanda le sergent, tandis que tous les soldats restaient là à regarder leur chef.

« “Ils arrivent !” dit un cri provenant de l’extrémité de la ligne de front.

« “Je vous ai dit de fixer vos baïonnettes, hurla-t-il. À l’attaque !” Alors que ses hommes se ruaient pour fixer l’embout d’acier, Chamberlain saisit son sabre et grimpa sur le mur. Avec l’ennemi maintenant à moins de cinquante mètres de distance, il pointa son arme dans leur direction et cria : “À l’attaque ! À l’attaque !” C’est ainsi que les combattants du régiment du Vingtième Maine, la fierté de l’armée du Potomac, enjambèrent aussitôt le mur pour suivre un instituteur en train de changer le cours de l’histoire.

« Les troupes confédérées, voyant le chef de l’armée adverse enjamber ainsi le mur, s’immobilisèrent, incertaines de ce qui allait se produire. Et lorsque Chamberlain pointa son sabre dans leur direction et commanda à ses hommes de se lancer à l’attaque, elles tournèrent les talons et s’enfuirent en courant. Plusieurs abandonnèrent leur arme chargée sur place. Ils étaient certains qu’il ne s’agissait pas des mêmes soldats qu’ils avaient combattus auparavant. Ils croyaient que d’énormes renforts étaient arrivés. Dans la pensée des fuyards, cela ne faisait *tout simplement pas partie des possibilités* qu'un régiment battu de la sorte passe à l'attaque avec une telle énergie.

« En moins de dix minutes, le groupe de soldats loqueteux et sans munitions, sous les ordres de Chamberlain, capturèrent les régiments entiers du Quinzième Alabama et du Quarante-septième Alabama, comprenant plus de quatre cents hommes. Bien sûr, tout cela se produisit parce qu'un homme avait pris la décision de se lancer à l'attaque.

« Ainsi, une seule décision que *vous* prenez pourrait littéralement changer le monde. »

Les gens dans l'auditoire bondirent de leur siège en un énorme rugissement, David inclus, applaudissant et se réjouissant devant la justesse évidente de la dernière affirmation de l'orateur. *L'histoire de Joshua Chamberlain les avait inspirés et avec raison,* pensa David. *Cela avait été* un événement incroyable dans l'histoire du peuple américain, et comme il le savait très bien, l'orateur s'était montré très fidèle dans l'exposé des détails de l'histoire.

Lorsque les applaudissements eurent cessé, David constata que le conférencier de haute taille était toujours sur la scène. En fait, il avait croisé les bras et appuyé ses coudes solidement sur le podium. Un léger sourire aux lèvres, il semblait attendre patiemment. Lorsque la dernière personne eut retrouvé son siège et que l'aréna fut de nouveau baigné de silence, il sourit de toutes ses dents. « Vous pensiez que j'avais terminé, n'est-il pas vrai ? »

David s'esclaffa comme tous les autres.

« Eh bien, voyez-vous, reprit-il, je ne voulais pas vous laisser avec certaines pensées qui vous trottent actuellement dans la tête. Et je *sais,* ajouta-t-il en riant, à quoi vous pensez. » Il se déplaça vers une extrémité de la scène. « Vous vous dites : *Bon, d'accord. C'était là une histoire formidable, mais vous affirmez que je peux changer le monde ? Allons donc !* Vous vous dites :

“Hé ! Même Joshua Chamberlain n’a changé le cours que d’une seule portion d’un seul combat !” Ah, vraiment ? Eh bien, réfléchissez à ce qui suit.

« C’est un fait généralement reconnu comme vrai qu’à l’époque de la bataille de Gettysburg, le Nord – l’armée de l’Union – se dirigeait tout droit vers la défaite. Les troupes confédérées avaient pris Fort Sumter, puis elles avaient affronté l’armée de l’Union à Manassas. Les hommes de Lee ont remporté une victoire majeure à Richmond lors de la bataille des Sept jours, et une deuxième fois à Manassas lors de la Seconde bataille de Bull Run. Le Sud a défait les divisions du général Hooker à Chancellorsville et il a porté un coup fatal au général Burnside, à Fredericksburg.

« Si le Sud avait été victorieux à Gettysburg, affirment unanimement les historiens, le conflit aurait été terminé dès la fin de l’été. Les États confédérés d’Amérique se trouvaient à une seule victoire de la grande victoire finale. Mais ce n’est pas ainsi que les choses se sont terminées.

« L’instituteur du Maine a reçu la médaille d’honneur du Congrès pour la décision qu’il a prise lors de la bataille de Little Round Top. Ses officiers ont conclu que les actions de ce seul homme ont empêché l’armée de l’Union d’être détruite – cet homme à lui seul a renversé le cours de la bataille. Joshua Lawrence Chamberlain a changé l’issue de cette guerre.

« Comprenez-vous tout ce que cela signifie ? Si le Sud avait remporté la guerre, les États-Unis, tels que nous les connaissons aujourd’hui, n’existeraient pas. Il y aurait probablement deux ou trois pays à la place. Il n’y aurait pas de pays au monde qui soit suffisamment grand et fort pour nourrir les autres nations de la planète. Il n’y aurait pas de superpuissance prête à se porter à la défense des sociétés plus faibles contre ceux qui veulent les priver de leur liberté. Mais parce qu’un homme ordinaire a pris la décision de se lancer en avant, le monde dans lequel nous vivons est aujourd'hui complètement différent.

« Lorsque Hitler avait jeté son emprise sur l'Europe, lorsque Hirohito a systématiquement envahi les îles du Pacifique, lorsque Saddam Hussein a envoyé ses armées au Koweit, il y a eu les États-*Unis* d'Amérique pour se tenir à la brèche. Et nous étions là à cause d'un seul homme qui avait le dos au mur. Un homme qui, durant une chaude journée de juillet, a vu sa vie menacée de près. Un homme dont la seule option semblait de devoir battre en retraite. Mesdames et messieurs, le monde tel qu'il existe aujourd'hui est en grande partie le résultat d'une décision de foncer – une décision faite par un instituteur, il y a de cela plus de cent ans !

« Vous ne devez *jamais* conclure qu'il vous est impossible de changer les choses ! Vous le pouvez ! Vous le pouvez ! Une décision que *vous* faites pourrait changer le monde ! »

Une fois de plus, l'assistance entière se retrouvait sur ses pieds. David était interloqué. Tandis qu'il applaudissait, il n'en revenait tout simplement pas de constater l'incroyable enchaînement d'événements qui avaient été provoqués par l'action d'un seul homme. *Qu'était-il arrivé à Chamberlain par la suite ?* se demanda-t-il. Tandis que la foule s'apaisait et se rassoyait, l'orateur poursuivit et David eut la réponse.

« C'est un fait reconnu que les gens ont tendance à suivre un homme qui leur dit simplement : "Suivez-moi." Exercer un tel leadership, ironiquement, est le moyen par excellence pour une personne de *se mériter* un tel rôle. Lorsque vous menez les autres vers la réussite et une vie qui va dans le sens de leurs rêves, la vie à laquelle vous aspirez et que vous méritez vous sera alors révélée.

« Joshua Chamberlain a pris une décision qui a transformé notre monde, bien sûr, mais cette décision lui a également procuré un ensemble de récompenses personnelles. Par la suite, il a mené une série de campagnes couronnées de succès jusqu'à la fin de la guerre. Il a été cité par notre gouvernement à quatre reprises pour avoir fait preuve de bravoure au combat et il fut promu brigadier général pour l'héroïsme qu'il a manifesté à Petersburg, et ceci, par ordre spécial d'Ulysses S. Grant. Puis, à peine quelques mois plus tard, il fut promu major général pour ses actes de bravoure lors de la bataille de Five Forks.

« Parmi l'ensemble des officiers de l'Union, le président Abraham Lincoln a confié à Chamberlain l'honneur d'accepter la reddition des Confédérés à Appomattox. C'est là qu'il étonna le monde en faisant preuve de pardon et du plus grand respect, lorsqu'il commanda à ses troupes de se mettre au garde-à-vous pour saluer le général Robert E. Lee, et le Sud qui venait d'être défait.

« Une fois de retour dans son patelin, le Maine, Chamberlain fut élu gouverneur avec une majorité qui n'a jamais été égalée à ce jour dans cet État. Il a été réélu à trois reprises, jusqu'à ce qu'il cède son poste et accepte un rôle de leadership au sein de son *alma mater,* comme président de Bowdoin College.

« Incidemment, un des bienfaits associés à la décision de foncer, et qui échappe en général au regard des savants et des historiens, est la présence d'une haie d'épines autour de la personne qui fait ce choix. Mentionnée d'abord dans la Bible, la haie d'épines est la protection qui entoure une personne qui est destinée à faire une différence. Jusqu'à ce que vous ayez accompli ce pour quoi vous êtes venu dans ce monde, personne ne saurait ni ne réussira à vous faire du mal. Joshua Chamberlain, debout sur cette colline de Pennsylvanie, avant d'avoir pris sa décision de se lancer à l'attaque et d'avoir remporté ses nombreuses victoires, était environné d'une haie d'épines pour assurer sa protection. »

Le conférencier aux cheveux foncés mit sa main dans la poche de son veston et il en sortit une feuille de papier. La tenant de manière à ce que tout le monde puisse la voir, il dit : « J'ai ici la copie d'une lettre adressée à l'honorable gouverneur, Joshua L. Chamberlain. Elle a été envoyée au Siège de l'État plusieurs années après la fin de la guerre. » Il déplia la feuille, la posa devant lui sur le podium et il la lut.

Cher monsieur. J'aimerais vous partager quelque chose qui s'est passé lors de la bataille du Round Top, à Gettysburg, entre vous et moi et dont je suis très fier maintenant. À deux reprises durant les affrontements, j'ai tenu votre vie entre mes mains. J'avais trouvé un endroit très sécuritaire entre deux rochers et je vous avais parfaitement en joue. Vous vous teniez complètement à découvert au centre de votre ligne de front, pleinement exposé. J'ai tout de suite reconnu votre rang à cause de votre uniforme et de vos actions et je me suis alors dit que ce serait une excellente occasion de vous éliminer. J'ai posé mon fusil sur le rocher et l'ai pointé parfaitement sur vous. Je m'apprêtais à appuyer sur la gâchette lorsqu'une pensée saugrenue m'en a empêché. J'ai soudainement eu honte de ma faiblesse et j'ai pointé mon arme sur vous à nouveau. Je vous avais parfaitement en joue, c'est certain. Mais le même sentiment intérieur étrange s'est alors emparé de moi de nouveau. Je n'arrivais pas à appuyer sur la gâchette et j'ai finalement renoncé – je veux dire, à prendre votre vie. J'en suis si heureux aujourd'hui, et j'espère qu'il en est de même pour vous. Bien à vous. Un membre du Quinzième Alabama.

Lentement, l'orateur replia le papier tandis que des frissons parcouraient l'auditoire. Il le replaça dans la poche de son veston et s'avança tout au-devant de la scène. David sentit que l'homme le fixait directement lorsqu'il ajouta : « Vous aussi, en ce moment précis, vivez sous la protection d'une haie d'épines. Vous êtes peut-être effrayé, mais cette peur est une illusion. Jusqu'à ce que vous ayez accompli ce pour quoi vous avez été mis sur la terre, personne ne saurait – ni ne pourra – vous faire du mal. »

Il leva ensuite les bras bien haut en faisant un grand geste en direction de la foule. « Mes amis, voici vraiment de quoi il en retourne. Votre histoire, vos circonstances, votre situation actuelle ne sont sans doute pas aussi dramatiques que celles de Joshua Chamberlain, mais les enjeux sont exactement les mêmes. Il arrive un moment dans la vie de chaque personne où il lui faut prendre une décision. Et cette décision, si vous la prenez, aura des effets d'une portée considérable sur les générations qui n'ont pas encore vu le jour. Il existe un mince fil vous reliant à des centaines de milliers d'individus. Votre exemple, vos actions et oui, même une seule décision de votre part, pourraient littéralement changer le monde.

« La décision… de foncer. » Il fit une pause. « Alors, prenez-la, je vous en prie. Changez votre vie. Changez le futur de votre famille. Changez le monde. Foncez ! » Les gens dans l'assistance retenaient leur souffle. L'homme de grande taille les fixait du regard. D'une voix plus douce, il dit : « Foncez. » Il fit de nouveau une pause avant de murmurer : « Foncez. »

Durant ce qui a semblé une éternité, mais qui ne devait être que quelques secondes, personne ne bougea. Puis, dans un tonnerre d'applaudissements aussi soudain qu'assourdissant, des milliers se levèrent, unanimes, non seulement pour acclamer l'homme qui leur avait transmis un enseignement et un message d'espérance, mais pour célébrer leur futur. L'ovation continua un long moment jusqu'à ce que l'orateur que David avait vu disparaître dans l'entrée du tunnel revienne sur scène. Il salua les gens, reconnaissant pour leur appréciation. David sourit tandis que l'homme relevait les sourcils, apparemment étonné devant l'intensité de l'ovation. Il fit de nouveau un signe de la main, se tournant dans toutes les directions, puis il disparut en un éclair.

Il y eut ensuite quelques brèves annonces sortant du système d'amplification, puis la soirée, à toutes fins pratiques, s'acheva. David se tint à côté des files d'hommes et de femmes attendant pour sortir. Il scruta attentivement les visages, y voyant une détermination, des larmes de soulagement et de compréhension, de même qu'une paix qui ne pouvait provenir que d'une certitude intérieure.

En moins de trente minutes, l'amphithéâtre était vide. Après y avoir jeté un dernier regard, David se dirigea vers le tunnel, trouva une sortie et se retrouva à l'extérieur dans la nuit froide.

Marchant sans but sur le trottoir, il regardait les feux arrière des voitures en enfilade qui manœuvraient pour sortir du parc de stationnement. Il se tourna à nouveau vers les gratte-ciel s'élevant partout dans la ville, si familiers et pourtant si différents. David se rendit compte en déambulant qu'il n'avait aucune idée de la prochaine étape de son périple. *Suis-je censé rencontrer quelqu'un d'autre ? aller quelque part ?*

Sans raison apparente, David quitta le trottoir pour le stationnement. La nuit était claire et bien que le temps fût plutôt froid, il se sentait bien physiquement. *En fait,* se dit David, *je ne me suis jamais senti aussi bien.* Il examina le vaste parc de stationnement maintenant vide ; sa surface noire et ses lignes blanches semblaient s'étendre à l'infini.

Il y avait maintenant plus d'une heure que l'événement était terminé et toutes les voitures étaient parties – à l'exception d'une seule. Là, à environ soixante ou soixante-dix mètres devant lui, à l'ombre d'un arbre, se tenait une auto. David secoua la tête et marcha directement vers elle. La voiture lui parut familière : petite, de couleur argent un peu délavé, à l'exception de l'aile droite qui était noire. C'était sa Dodge Colt à deux portières. « Hum ! » dit David à voix haute, en s'approchant. « Je parie que le chauffage et les lumières des freins ne fonctionnent *toujours* pas. »

La voiture n'était pas verrouillée et ce qui ne le surprit pas, la clé se trouvait dans le contact. David s'entassa dans la petite auto et remarqua le coupe-vent noir qu'il avait lancé sur la banquette arrière… quand ? Ce matin ? Tout cela était trop confondant pour tirer la chose au clair. Il tourna la clé et le minuscule moteur se mit à ronronner. David tendit la main au-dessus du pare-soleil et il y trouva sa montre au bracelet bon marché de couleur dorée entourant son portefeuille. « Super ! » se dit-il alors en souriant, tandis qu'il remettait sa montre à son poignet et déposait son portefeuille sur le siège du passager à côté de lui.

Alors, dans quelle direction ? pensa-t-il, tandis que le moteur tournait un peu trop bruyamment. Jetant un coup d'œil autour, il remarqua que le joli gratte-ciel blanc qu'il avait aperçu plus tôt se trouvait parfaitement encadré dans la vitre arrière droite. « D'accord », se dit-il doucement, en embrayant alors la Colt.

Il effectua une série de virages pour sortir du parc de stationnement et fonça ensuite dans la direction de la tour blanche. De temps à autre, David pouvait en apercevoir la silhouette entre deux immeubles et à travers les arbres. Elle était facile à repérer. Après tout, c'était le gratte-ciel le plus élevé en ville.

Lorsqu'il fut rendu à la dernière rue menant à l'objet de sa quête, David immobilisa sa voiture. Les yeux rivés sur la plaque, il n'était pas certain de ce qu'il y voyait écrit. Il regarda autour de lui. Il était maintenant bien au-delà de minuit et comme il ne voyait aucune voiture arriver, il ouvrit la portière et mit le pied dehors. Il marcha rapidement vers le coin de la rue et scruta soigneusement la plaque. En silence, il fit demi-tour et revint vers sa bagnole pour y reprendre place. Il embraya, respira profondément et tourna à droite sur le boulevard David Ponder.

Là, droit devant lui, se trouvait l'énorme édifice. Des chênes bordaient la rue des deux côtés, et lorsqu'il avança plus près, il fut impressionné par la majestueuse fontaine qui lançait ses jets d'eau vers le ciel à côté de l'entrée principale. Il n'arrivait pas à détacher ses yeux du chef-d'œuvre d'architecture et lorsqu'il l'atteignit, il immobilisa simplement son véhicule et sortit.

David déambula lentement à travers une aire ouverte pavée de marbre dégrossi de couleur grise. Cette aire couvrait une étendue d'au moins trente mètres à partir de la rue, faisant le tour complet de la structure. À cause du reflet de l'édifice la nuit et de son éclairage ambiant, la pierre foncée semblait mouillée.

Il marcha jusqu'à la série des cinq portes tambour de l'entrée principale. Elles étaient verrouillées. Se déplaçant vers la droite, David appuya son visage contre la vitre et regarda à l'intérieur, les mains autour des yeux pour éliminer les reflets. L'ensemble du rez-de-chaussée lui semblait être un hall de réception recouvert de son propre dôme situé plus ou moins au niveau du cinquième étage. De gigantesques palmiers, dont la taille devait atteindre au moins huit mètres de hauteur, étaient plantés dans des pots en terre cuite colossaux. Ils étaient savamment disposés entre les portes de six ascenseurs de verre, tous posés au sol, dans l'attente des passagers du matin.

De grandes tapisseries étaient suspendues aux murs depuis le plafond jusqu'au tapis luxueux en bas. La pièce maîtresse, au milieu de ce rez-de-chaussée spectaculaire, était une chute d'eau d'une hauteur de plus de 14 mètres s'écoulant en cascade à partir d'un rocher de granite. L'eau tombait dans un bassin koi contournant la cage des ascenseurs pour terminer sa course au pied d'un immense bureau d'accueil en pierre qui semblait pouvoir loger de six à dix réceptionnistes. Gravés dans la pierre, sur le devant du bureau en face de l'entrée principale, se trouvaient les mots : PONDER INTERNATIONAL.

David s'éloigna de la vitre. Il n'était pas vraiment surpris. Surexcité assurément, mais pas surpris. Il commençait à percevoir lentement la réalité de son avenir si prometteur. *Il y a un mince fil vous reliant à des centaines de milliers d'individus.* Eh bien, pensa-t-il, *il semble y avoir quelques-uns de ces individus qui travaillent dans* cet *édifice.*

David revint alors vers sa voiture, s'arrêtant brièvement près de la fontaine. On pouvait lire sur un écriteau : « Les pièces de monnaie déposées dans cette fontaine servent au maintien du Jardin zoologique Jenny Ponder de la ville de Dallas. » Il sourit et se rendit à son véhicule.

David roula au hasard dans les rues désertes de la ville endormie pendant un certain temps. Se trouvant près de l'autoroute sans y avoir vraiment réfléchi, il décida de l'emprunter. Il roula durant plus d'une heure sans prendre une direction en particulier. Croisant l'hôpital pour enfants Ellen Ponder, qui surplombait un pont autoroutier, il quitta l'autoroute et demeura assis dans l'aire de stationnement de l'hôpital durant plusieurs minutes.

David passa ensuite devant l'édifice désormais vide et placardé où se trouvait Marshall's Hardware auparavant. L'endroit semblait apparemment fermé depuis des années. Comme poussé par un automatisme, il dirigea sa voiture vers son quartier et vit le nom *McClain* sur sa vieille boîte aux lettres. Les cornouillers que lui et Jenny avaient plantés sur le côté de la maison atteignaient maintenant le toit.

Il vit l'église qu'ils fréquentaient, passa devant l'école primaire de Jenny et remarqua en secouant la tête que l'usine de produits chimiques où il avait travaillé durant tant d'années avait encore une fois changé de propriétaire.

Avant longtemps et sans intention avouée, David se retrouva de nouveau sur l'autoroute en direction de la grande ville. Il était maintenant un homme très différent et il le savait. Lorsqu'il emprunta la sortie Grayton, il fut alors vaguement conscient du fait qu'il s'était déjà trouvé là auparavant. Son esprit tourbillonnait à la pensée de Truman et de ses yeux bleus si perçants et clairs. Il jeta un coup d'œil au compteur qui affichait cent dix. Il se rappela le trône de Salomon et sourit légèrement. Le roi avait dit que ce n'était qu'un simple siège !

Il n'y avait aucun autre véhicule en vue. Les feux avant de la petite voiture perçaient la nuit sombre comme le feu des canons sur une colline de Pennsylvanie. Il appuya plus fort sur l'accélérateur et revit la certitude dans le regard d'un capitaine de navire en train de scruter l'horizon. Cent trente, cent trente-cinq. Anne. Cette chère fillette si gentille. « Papa dit : “La peur est un ciseau médiocre avec lequel se tailler un futur.” »

Tandis qu'il filait à toute allure par-dessus les collines et le long des courbes, David devint inconscient de la vitesse à laquelle il roulait. *J'ai discuté avec Abraham Lincoln,* pensa-t-il. *Il m'a parlé à moi.* « Le secret du pardon ne coûte rien, mais il vaut des millions. » L'esprit de David s'emballait à une vitesse tout aussi excessive. « Tu es le dernier voyageur, avait dit l'ange. Tu as reçu un cadeau qui a le potentiel de transformer ta civilisation. À partir de maintenant, tout repose entre tes mains. »

À cet instant, la destinée de David Ponder croisa un pont glacé sur sa route. Surplombant un ruisseau, le pont n'avait toujours pas quatre-vingts mètres de long, mais la même couche de glace noire fit en sorte que la voiture se mit à tourner sur elle-même. Les pneus crissèrent et le véhicule de David rebondit sur les barrières de sécurité en traversant le petit pont, mais il constata après que le véhicule se trouvait toujours sur l'autoroute.

Fait intéressant, David ne lutta *pas* désespérément pour garder le contrôle au moment où la voiture se mit à faire des tête-à-queue, zigzaguant d'un côté et de l'autre, pour finalement se retrouver dans le décor. Il observait la scène se dérouler depuis l'intérieur du véhicule comme au ralenti. Il voulait se rappeler tout, spécialement lorsque l'auto fut projetée inexorablement en direction d'un grand chêne. Avec tout ce qui lui restait de pensée consciente, David agrippa le volant et ferma les yeux. Il entendit l'orateur dans l'amphithéâtre affirmer : « Jusqu'à ce que vous ayez accompli ce pour quoi vous avez été mis sur la terre, personne ne saurait – ni ne pourra – vous faire du mal. »

Et puis… plus rien.

Chapitre onze

« CHÉRI ? DAVID ? » LA VUE DE DAVID ÉTAIT EMBROUILLÉE ALORS qu'il s'efforçait de concentrer son regard sur la personne en face de lui. « David, c'est Ellen. Est-ce que tu m'entends ? »

Il entendit une autre voix, celle d'un homme. « Cela peut prendre un certain temps, madame Ponder. » Ces voix semblaient provenir de si loin.

« Papa, je t'aime. » Jenny ?

« David, c'est Ellen. Trésor, je suis ici tout près de toi. »

David sentit la main de sa femme sur son visage à mesure que ses yeux devenaient plus clairs. Il pouvait maintenant voir sa main et son visage. Son si joli visage. « Ellen », parvint-il à dire, la voix éraillée. Bon sang, comme il avait mal à la tête ! « Ellen », dit-il à nouveau en essayant de tendre la main vers elle.

« Je suis ici, chéri », répondit-elle en baissant le bras de David. « Je t'en prie, ne bouge surtout pas. » Des larmes coulaient sur ses joues. « David, tu as eu un accident de voiture. Tu es à l'hôpital. »

« Ne pleure pas, dit David, un peu sonné. Tout ira très bien, je t'assure. » Il fit signe de vouloir s'asseoir.

Ellen le força gentiment à se recoucher. « Bien sûr, chéri, dit-elle. Tout ira bien, mais tu as eu une commotion cérébrale. David, s'il te plaît, reste tranquille. »

Sa vision et son audition semblaient aller et venir, tout devenant clair, pour s'embrouiller aussitôt ; les sons lui paraissaient provenir de loin pendant un moment, puis ils devenaient assourdissants. « Non, dit-il avec difficulté, je ne parlais pas de moi, mais de *nous*. Nous allons nous tirer d'affaire, notre famille, je veux dire. Où est Jenny ? »

« Elle est juste ici. »

« Me voilà, papa, dit-elle, en s'approchant du lit. Je t'aime. »

« Je t'aime aussi. Comment va ta gorge ? »

« J'ai un peu de mal, mais la douleur est supportable. »

David tendit la main pour caresser ses cheveux si soyeux. « Nous allons nous occuper de tes maux de gorge, trésor, je te le promets. Ellen ? » Il appela sa femme d'une voix beaucoup plus forte qu'il l'aurait cru et cela fit sursauter les personnes qui se trouvaient dans la pièce.

« Oui, David. Je suis ici à tes côtés. » Elle n'avait pas lâché sa main et n'avait pas bougé du lit.

« Ellen, nous allons nous tirer d'affaire, je t'assure. J'ai appris des tas de choses, tu sais. J'ai visité des tas d'endroits que… »

C'est alors qu'il se réveilla. En quelques secondes, il retrouva complètement ses esprits et sa vision était redevenue claire. Il jeta un coup d'œil autour de lui et, apercevant sa femme, sa fille et un homme plutôt court portant une blouse blanche penché au-dessus de lui, il demanda : « Où suis-je ? »

« Tu es à l'hôpital, chéri, répondit Ellen. Tu as eu un accident de voiture. »

« Suis-je… ? »

« Vous allez vous en tirer sans une égratignure, monsieur Ponder. » Le petit homme changea de position. « Je suis le docteur Green. Vous avez eu beaucoup de chance, mon cher ami. »

« Je me suis écrasé contre un arbre. »

« En effet, répondit le médecin. Et en réalité, c'est un signe très significatif en votre faveur, le fait que vous puissiez vous rappeler de ce genre de détail. Vous avez subi une sérieuse commotion cérébrale. Y a-t-il autre chose dont vous vous souveniez ? »

« Je me trouvais auparavant à l'amphithéâtre. »

Ellen fronça les sourcils. « Non, chéri, corrigea-t-elle, tu arrivais de ton travail. Pourquoi te trouvais-tu si loin de la ville ? »

Le médecin posa une main sur son épaule. « Madame Ponder, l'interrompit-il, votre mari risque de faire l'expérience de beaucoup de confusion dans ses pensées pour quelque temps. Des rêves confondants, des conversations mal situées. » Il sourit à David en haussant les épaules. « C'est là un petit inconvénient dû au choc que vous avez reçu à la tête, mais pour dire la vérité, je n'ai jamais rien vu de semblable jusqu'ici. La boîte crânienne n'a subi aucune fracture. Les ambulanciers qui vous ont amené ici ont dit que vous aviez été projeté hors de votre voiture ; et pourtant, à l'exception de la commotion, nous n'avons même pas réussi à trouver une petite fracture. Pas de doute, mon cher ami, je dois dire que vous êtes quelqu'un d'extrêmement chanceux. »

Tandis que le médecin continuait en expliquant ce à quoi il devait s'attendre durant le processus de rétablissement, quels médicaments il allait lui prescrire et quelle serait la durée de son séjour à l'hôpital, David regardait sa femme et sa fille. Il avait eu beaucoup de chance, se disait-il, mais une étrange déception l'enveloppa alors comme un nuage sombre. Un rêve. Tout cela n'avait-il été qu'un rêve ? Un rêve confondant, avait dit le médecin.

« … et bien sûr, ce genre de chose exige un certain temps, conclut le médecin. Alors, je suggère que nous laissions tous ton papa se reposer un moment », dit-il à Jenny.

« Je vais ramener Jenny chez nous, chéri, dit Ellen. Papa et maman sont venus nous aider et ils nous attendent à la maison. Dès que j'aurai déposé Jenny, je reviendrai. » Ellen embrassa délicatement David sur la joue et se préparait à partir. « Je t'aime, tu sais », ajouta-t-elle.

David vit que le médecin avait déjà quitté la pièce. Une larme roula sur sa joue. « Je t'aime aussi, Ellen. Je suis sincèrement désolé pour tout ça. »

Elle revint vers le lit et se plaça directement au-dessus de lui en sorte qu'il puisse voir directement dans ses yeux. « David, il n'y a rien pour lequel tu devrais être désolé. Jenny et moi, nous t'aimons et nous avons confiance en toi ; nous avons hâte que tu reviennes à la maison. Il me semble que tu as dit, il y a quelques minutes, que nous allions nous tirer d'affaire ? dit-elle en souriant. Eh bien, tu avais raison. »

David se retrouva seul, étendu dans sa petite chambre d'hôpital. Ellen l'avait embrassé une fois de plus avant de partir. Il entendit le clic-clac de ses talons et le crissement des semelles des chaussures de tennis de Jenny diminuer, puis disparaître au bout du corridor. Un *rêve,* pensa-t-il. Il poussa un profond soupir.

Il n'avait pas sommeil. Son corps palpitait et sa tête lui faisait toujours mal, mais il n'avait pas envie de dormir. Il regarda au-dessus du lavabo à côté du lit pour trouver la source d'un léger signal sonore. C'était un moniteur quelconque. De l'autre côté du lit, un tube pendait d'une perche, rempli d'une solution qui était injectée dans son bras au moyen d'une aiguille qui avait dû être conçue pour un très gros animal, mais qui se trouvait plantée dans son corps à lui.

Il y avait un petit lit dans un coin. Est-ce qu'Ellen y avait dormi ? Une télé était suspendue au mur en face de lui. Il y avait une deuxième porte qui devait mener, estima-t-il, aux toilettes, et à l'exception d'une chaise sous la télé, c'était à peu près tout. *Rien qui mérite mon attention,* pensa-t-il. Alors il tourna ses yeux vers le plafond.

Tout lui avait semblé si réel. Il avait bel et bien été là ! Il *savait* tout simplement qu'il avait été à Potsdam. Il avait été à Amsterdam et avec Colomb sur la *Santa Maria.* Il n'avait pas eu un accident, il en avait eu deux ! Mais personne ne le croirait jamais, se disait David ; et compte tenu de l'endroit où il se trouvait, il n'était plus certain de le croire non plus.

De toute manière, pensa David, *ce n'est pas l'expérience qui est importante, n'est-ce pas ? Qu'ai-je appris, au juste ? Même s'il s'agissait d'un rêve, cela n'enlève rien à la valeur des Sept décisions.* David sourit lorsqu'il comprit qu'en se concentrant un peu, il arriverait à se rappeler des phrases clés et de la sagesse fondamentale entourant chacun de ces principes.

N'étant pas certain de pouvoir s'en rappeler très longtemps, David trouva un crayon et un bloc-notes sur la table à côté de son lit. Il se releva en position assise et écrivit :

1. La responsabilité commence ici. Je suis pleinement responsable de mon passé et de mon avenir.
2. Je vais rechercher la sagesse. Je vais me mettre au service d'autrui.
3. Je suis une personne d'action. Je saisis les occasions qui se présentent. Je fais mes choix aujourd'hui.
4. J'ai un cœur résolu. Ma destinée est assurée.

5. Aujourd'hui, je choisis d'être heureux. Je cultive un esprit de gratitude.
6. Je vais accueillir chaque journée avec un cœur enclin à pardonner. Je vais me pardonner à moi-même.
7. Je vais persévérer sans me relâcher. Je suis une personne de grande foi.

David relut ce qu'il venait d'écrire en hochant la tête. Il se sentait fatigué à présent. Il se promit de travailler davantage sur sa liste plus tard – de se rappeler davantage de choses plus tard. Il déposa le crayon et le papier sur la table à côté du lit, avec l'intention de revoir chaque décision et de les chérir dans son cœur, comme Gabriel lui avait dit de le faire. Il prit une profonde inspiration, soupira, et rectifia sa pensée… comme Gabriel le lui avait recommandé dans un rêve.

Quoi qu'il arrive, pensa David en regardant au plafond, *ma famille sera en sécurité. Notre futur est assuré. Je vais y voir moi-même.* La surface en crépi du plafond réfléchissait de minuscules points de lumière, lui rappelant un ciel étoilé. Il ferma les yeux. Peut-être avait-il quand même sommeil, après tout.

Tout juste comme il s'apprêtait à partir à la dérive, David entendit un léger bruit de porte en train de s'ouvrir. Une infirmière fit son entrée. « Je suis désolée, dit-elle, je n'avais pas l'intention de vous réveiller. »

« Il n'y a pas de problème, dit David, je n'étais pas vraiment endormi. »

« Il faut vous reposer alors, ajouta-t-elle avec gentillesse. Je vais laisser ceci ici et je vais sortir aussitôt. » Elle tenait un sac de plastique de couleur sombre dans la main et s'empressa de le déposer sur une chaise.

« Qu'est-ce que c'est au juste ? »

« Vos effets personnels. Votre portefeuille et quelques trucs. Vos souliers. Tout ce que vous portiez lorsque vous avez eu votre accident. Ils ont tout rapporté de l'urgence. »

« Pourriez-vous apporter le sac ici, s'il vous plaît ? demanda David. J'aimerais remettre ma montre. »

« Je veux bien, dit l'infirmière, avant de déposer le sac sur le rebord du lit de David. Et votre montre se trouve ici, ajouta-t-elle avec un sourire. Nous devons faire l'inventaire de tous les objets vous savez, et je l'avais aperçue. »

« Je vous remercie », conclut David, tandis qu'elle quittait la pièce.

Il ouvrit le sac et en tira ses souliers. Ses bas avaient été insérés dans l'un et son caleçon dans l'autre. Ils avaient été posés sur son chandail et ses jeans, que quelqu'un avait soigneusement pliés. David laissa tomber ses souliers et ses vêtements sur le sol de l'autre côté du lit.

L'alliance de David avait glissé du sac lorsqu'il en avait retiré ses vêtements et elle reposait maintenant sur le drap blanc. Il la remit à son doigt et plongea la main dans le sac pour en tirer sa montre, qu'il trouva et fit glisser, en étirant le bracelet, autour de son poignet. Son trousseau de clés se trouvait aussi dans le sac, de même que son portefeuille. *Mon portefeuille ne se trouvait-il pas sur le siège à côté de moi ?* David essaya de se rappeler. *Eh bien,* pensa-t-il, *quelqu'un aura pensé à le sortir de la voiture.* Il déposa alors le portefeuille sur la table.

Soulevant le sac de plastique pour le retirer du lit, David sentit la présence d'un objet à l'intérieur. Comprenant qu'il avait sans doute oublié quelque chose, il le ramena sur le lit pour y jeter un coup d'œil. D'abord, il ne vit rien. Mais là, dans un coin, se trouvait un petit objet foncé, presque de la couleur du sac de plastique.

À peine capable de respirer, David sentit son cœur battre en prenant l'objet dans les replis du sac ; il en retira une petite blague à tabac. Il avait les larmes aux yeux en la tenant devant lui dans la lumière.

Elle était de couleur bleu marine et avait été cousue dans un tissu solide, mais le rude traitement qu'elle avait subi avait élimé la blague pour lui donner la douceur de la moleskine. Elle était usée, mais son apparence était toujours jolie – royale dans un certain sens –, la propriété d'un officier. Les deux boutons dorés qui retenaient le rabat étaient de métal et un aigle y était gravé. Et là, juste au-dessus des boutons, se trouvaient deux sabres entrecroisés brodés sur le rabat – le symbole d'un guerrier.

Remerciements

J'aimerais exprimer ma reconnaissance à Polly, ma femme et ma meilleure amie, pour la patience dont elle a fait preuve durant des conversations sans nombre entourant ce projet ; à David Brokaw, pour son soutien et la confiance qu'il a manifestée à mon égard ; à Scott Jeffrey, pour ses stratégies de présentation si innovatrices ; à Mike Hyatt, Pamela Clements, Blythe McIntosh et à l'équipe chez Thomas Nelson qui n'ont pas seulement établi un contrat d'édition avec moi, mais qui ont capté la vision ! Merci à Jenny Baumgartner pour ses talents éditoriaux et les habiletés relationnelles qu'elle a démontrées à mon égard au cours du processus de préparation du présent ouvrage. Une mesure supplémentaire de gratitude va à Belinda Bass pour le temps qu'elle a investi et le soin qu'elle a mis à la conception de la jaquette.

Un merci spécial à Sandi Dorff, Isabel Garcia, Alex McCurley, Susie White, Paula Tebbe et Julie Plato – les gens qui, par leur appui, ont rendu ce livre possible. Et finalement, un merci tout particulier à Danita Allen, qui a inspiré cette histoire et mes paroles depuis le début.

Le guide du lecteur

CE GUIDE DU LECTEUR A ÉTÉ CRÉÉ POUR FAVORISER une meilleure compréhension des principes qui peuvent transformer la vie et qui sont exposés dans le présent ouvrage. Les questions qui suivent peuvent être utilisées dans le contexte d'un groupe de discussion ou dans le cadre d'une réflexion personnelle. C'est le plus cher désir de l'auteur que la méditation des Sept décisions et des leçons inspirantes qu'elles comprennent vous aide à vous façonner une vie de plénitude extraordinaire et vous encourage à partager ces Décisions avec les autres.

Questions générales

1. Comment le présent livre illustre-t-il les différentes réactions qu'ont les gens lorsqu'ils font face au désespoir ? Votre expérience est-elle différente ou similaire à la leur ?

2. Pourquoi était-il important pour David de visiter des personnages historiques durant des moments cruciaux de l'Histoire ?

3. Andrews a inclus beaucoup de faits et de détails entourant l'histoire américaine dans son récit. Pourquoi est-ce si important pour les gens qui veulent réussir d'avoir une perspective « moins limitée » de l'histoire des siècles passés ? En quoi la connaissance de faits historiques peut-elle mener à la réussite dans le futur ?

4. Comment Andrews souligne-t-il l'importance des associations avec d'autres personnes ? En quoi les relations interpersonnelles peuvent-elles être influencées par la sagesse ? En quoi les relations entre David et les sept personnages historiques illustrent-elles ce point ?

5. Le titre de l'ouvrage original en anglais pourrait se traduire par *Le don fait au voyageur.* Quelle signification y trouvez-vous ? Quelle est l'importance du voyage à travers le temps dans cette histoire ? En quoi le fait de pouvoir ainsi passer d'une époque à une autre a-t-il changé la vie de David ?

Questions générales au sujet des *Sept décisions en vue de la réussite*

1. Quelle est l'intention d'Andrews en plaçant ainsi les *Sept décisions* à la fin de chaque visite effectuée à un personnage historique ?

2. En quoi ces documents contribuent-ils à votre compréhension du parcours de David Ponder ?

3. Croyez-vous que les *Sept décisions* auraient eu la même signification si les personnages historiques avaient visité David à son époque à lui, comme Scrooge a été visité par des fantômes dans le classique de Dickens, *Conte de Noël* ?

4. Croyez-vous que les *Sept décisions* auraient eu moins d'impact si David n'était pas devenu quelqu'un de remarquable et riche à la fin de l'ouvrage ? Sa réputation et sa fortune sont-elles le résultat direct des *Sept décisions,* ou une simple conséquence indirecte, à votre avis ?

Le personnage principal : David Ponder

1. Le livre débute à une croisée de chemins dans la vie de David. De quelle manière la perspective de David face à cette crise change-t-elle à la fin du récit ?
2. Discutez des remarques que les sept personnages historiques ont faites à l'égard de David. Croyez-vous qu'ils auraient dû faire preuve de plus de dureté avec David ? ou de plus de délicatesse ?
3. En quoi votre opinion de David Ponder a-t-elle évolué tout au long du récit ?
4. David se trouve continuellement en lutte avec lui-même. En quoi son comportement est-il l'écho des luttes auxquelles les personnages historiques de ce roman se trouvaient confrontés ? Quel genre de conséquences de tels conflits peuvent-ils entraîner ?
5. Quelle est l'attitude de David face à son passé ? face à son avenir ? En quoi ces attitudes ont-elles évolué quand on arrive à la fin du récit ?
6. Croyez-vous que David puisse être considéré comme quelqu'un à qui tout le monde pourrait s'identifier dans son cheminement en tant qu'être humain ?

Questions générales au sujet des personnages historiques

1. Discutez du thème du leadership tel qu'abordé dans le présent ouvrage. Quels personnages historiques abordent le thème du leadership et en quoi les commentaires émis sont-ils directement liés à la personne qui les a fournis ?

2. Quelle est la conception générale du leadership présentée par Andrews ?

3. Les personnages historiques constituent des ponts entre la mort et la vie, entre le passé, le présent et l'avenir. En quoi cela définit-il le message qu'ils ont adressé à David ?

4. Chaque personnage historique incarne à lui seul une décision particulière. En vous basant sur la connaissance plus large que vous avez de chacun d'eux au-delà de ce qui est révélé dans le présent ouvrage, quelle évidence voyez-vous du fait que l'un ou l'autre parmi eux ait pu intégrer également les autres décisions à sa vie ?

Chapitre trois : Harry S. Truman

La première décision : La responsabilité commence ici.

Je ne laisserai pas mon histoire personnelle contrôler ma destinée.

1. Le président Truman dit à David : « Tu as choisi la voie qui menait vers ta présente destination. La responsabilité face à cette situation est tienne. » Croyez-vous que l'état actuel dans lequel se trouve un individu soit essentiellement déterminé par ses choix personnels et sa responsabilité ? Pourquoi, ou pourquoi pas ?

2. Truman affirme que notre manière de penser détermine le chemin qui nous mène soit à la réussite, soit à l'échec. Pouvez-vous vous rappeler d'une occasion en particulier où votre manière de penser a favorisé votre réussite ? Pouvez-vous vous rappeler d'une occasion en particulier où votre manière de penser vous a mené à l'échec ? Avez-vous pu observer l'évidence de ce truisme dans la vie des gens qui vous entourent ?

3. Pour quelle raison Andrews considère-t-il les défis comme un véritable don ?

Chapitre quatre : le roi Salomon

La deuxième décision : Je vais rechercher la sagesse.

Dieu déplace des montagnes pour créer les opportunités qu'il désire. C'est ta responsabilité de te montrer prêt à bouger toi-même.

1. Le roi Salomon affirme : « Nous sommes continuellement dans un processus de transformation en tant qu'humains. Ainsi, aussi bien en profiter pour donner une orientation à la manière dont nous allons nous transformer. » En quoi la décision de rechercher la sagesse pourrait-elle vous aider à trouver dans quelle direction vous êtes appelé à changer ?

2. Pourquoi Andrews considère-t-il les gens avec lesquels nous nous associons comme un élément essentiel dans cette quête de sagesse ?

3. Quel élément de vérité le roi Salomon veut-il mettre en évidence lorsqu'il aide David à comprendre que le fait de se mettre au service des autres est un moyen d'affirmer notre valeur mutuelle ? Pourquoi affirme-t-il qu'un homme sage est un serviteur, selon vous ?

Chapitre cinq : *Joshua Chamberlain*

La troisième décision : *Je suis une personne d'action.*

Nombre de personnes se tassent pour laisser passer celui qui s'élance ; d'autres sont attirées dans son sillage.

1. En quoi la blague à tabac de Joshua Chamberlain est-elle un élément symbolique du récit ? Qu'a-t-elle de caractéristique dans son aspect ? Pourquoi cette description physique nous est-elle donnée tout au long du récit ?

2. Le livre débute par une citation de Joshua Chamberlain, personnage plutôt secondaire dans l'histoire américaine. Trouvez-vous que cette citation donne le ton à l'ensemble du livre ?

3. Pour quelle raison croyez-vous qu'Andrews a choisi de débuter son récit par une citation de Chamberlain plutôt que par celle d'un autre personnage historique mentionné dans le livre ?

Chapitre six : Christophe Colomb

La quatrième décision : J'ai un cœur résolu.

La critique, la condamnation et les plaintes ne sont que du vent. Elles vont et viennent dans le souffle inutile des êtres sans envergure et elles n'ont aucun pouvoir sur moi.

1. À travers le personnage de Colomb, que dit Andrews au sujet de la perception qu'ont les gens de la folie et de leur façon de définir la réalité ?
2. Quand la persévérance vers un but devient-elle folie et quand se révèle-t-elle un trait admirable qui conduit à la réussite, selon vous ?
3. En quoi la passion de Colomb et son cœur résolu sont-ils essentiels à son leadership ?

Chapitre sept :
Anne Frank

La cinquième décision :
Aujourd'hui, je vais choisir d'être heureuse.

Notre vie est façonnée par les choix que nous faisons.
Nous faisons des choix d'abord.
Puis, ces choix font de nous qui nous sommes.

1. Croyez-vous que les photos collées sur le mur dans la chambre d'Anne reflètent une vie stagnante faite d'échecs ou plutôt une vie exaltante remplie de réussites ?
2. La vie d'Anne est-elle présentée comme une vie réussie dans le présent ouvrage ? Pourquoi, ou pourquoi pas ?
3. Pourquoi Anne estime-t-elle que sa personnalité, ses habitudes et même son discours sont déterminés par les choix qu'elle fait ?

Chapitre huit : Abraham Lincoln

La sixième décision : Je vais accueillir chaque journée avec un cœur disposé à pardonner.

Tu découvriras que Dieu utilise rarement quelqu'un dont la préoccupation majeure est l'opinion des autres.

1. Le président Abraham Lincoln dit à David que la clé de son avenir se trouve dans le pardon. Pourquoi pardonner est-il une étape incontournable dans la vie de David à ce stade-ci ? À qui doit-il offrir son pardon en particulier ?
2. La *décision de pardonner* a-t-elle plus d'importance que les autres décisions, à votre avis ?
3. Pourquoi Lincoln encourage-t-il David à devenir un « phare » de croissance personnelle et de puissance ?

Chapitre neuf : Gabriel

La septième décision : Je vais persévérer sans me relâcher.

La foi constitue un guide plus sûr que la raison.
La raison peut être utile durant un temps déterminé,
mais la foi ne connaît aucune limite.
La seule limite à la réalisation de ton futur est le doute
auquel tu t'accroches si solidement aujourd'hui.

1. David visite l'archange Gabriel dans l'« endroit qui n'a jamais existé », un immense entrepôt céleste qui contient les rêves non réalisés de l'humanité. Qu'y a-t-il de révélateur au fait que la dernière visite de David auprès d'un personnage historique se déroule à cet endroit, selon vous ?

2. Qu'apprend-il de Gabriel au sujet des circonstances et des occasions qui se présentent ?

3. Réfléchissez au sujet de la peur tel qu'abordé dans le livre. Quel lien voyez-vous entre la peur et la réussite ? Pourquoi Gabriel affirme-t-il que la peur et la foi se ressemblent ?

Questions de réflexion personnelle

1. Ce que vous avez lu dans le présent ouvrage est-il susceptible de vous aider dans les temps de crise ?

2. *Les sept décisions* souligne l'importance de ne pas se laisser distraire par l'opinion d'autrui. De quelle manière votre perception de vous-même affecte-t-elle votre réussite ? Quelle recommandation David reçoit-il pour apprendre à bien discerner entre un sage conseil et une critique ? Comment appliquer cette recommandation dans votre propre vie dès à présent ?

3. Andrews nous fournit une méthode éprouvée pour faire nôtres les *Sept décisions* – lire chacune des décisions à haute voix, matin et soir, durant vingt et un jours et partager ces décisions avec autrui. Est-ce là quelque chose que vous pouvez intégrer à votre vie ? Dans l'affirmative, comment votre avenir risque-t-il de s'en trouver transformé ? Si l'avenir d'un nombre suffisant d'individus était ainsi transformé, est-ce que cela pourrait changer la civilisation ?

4. Comment comptez-vous utiliser les leçons de vie contenues dans *Les sept décisions* pour encourager les autres et transformer leur vie ?

5. En quoi *Les sept décisions* pourrait-il être un livre déterminant pour l'avenir de ce pays, voire de cette planète, en des temps comme les nôtres ?

6. Chacun des personnages historiques fait référence à la foi d'une manière ou d'une autre. À votre avis, que

suggère Andrews lorsqu'il parle de la connexion qui existe entre foi et réussite ? De quelle façon le message général du présent livre définit-il la réussite comme étant une combinaison d'initiative personnelle et de motivation divine ?

Questions supplémentaires finales

1. Les rêves sont un thème récurrent dans ce récit. Examinez comment chacun des personnages historiques souligne l'importance des rêves comme véhicule menant à la réussite. Quel est le but des rêves ? À la fin, David s'inquiète durant un bref moment du fait que son voyage n'ait été qu'un simple rêve. En quoi cela est-il un indicateur du sens des rêves ?

2. À la fin du livre, l'orateur dans l'amphithéâtre affirme : « Jusqu'à ce que vous ayez accompli ce pour quoi vous êtes venu dans ce monde, personne ne saurait ni ne réussira à vous faire du mal. » En quoi ce concept d'une « haie d'épines » – ou de la protection divine – est-il fondamental au voyage que David a entrepris ? Croyez-vous qu'une telle protection puisse être réelle pour vous ?

Bibliographie

America's Civil War. Leesburg, VA : Primedia Enthusiast Publications History Group, janvier 1999.

Becker, Walt. *Link.* New York :William Morrow and Company, Inc. NY, 1998.

Chamberlain, Joshua Lawrence. *Bayonet Forward, My Civil War Reminiscences.* Gettysburg, PA : Stan Clark Military Books, 1994.

Chamberlain, Joshua Lawrence. *Through Blood and Fire at Gettysburg.* Gettysburg, PA : Stan Clark Military Books, 1994.

Compton's Interactive Encyclopedia. Cambridge, MA : The Learning Company.

Desjardin, Thomas A. *Stand Firm Ye Boys From Maine.* Gettysburg, PA : Thomas Publications, 1995.

Dyson, John. *Westward with Columbus.* New York : Simon and Schuster, Inc., 1991.

Encarta. Redmond, Washington : Microsoft Corporation, 1997.

Frank, Anne. *The Diary of a Young Girl.* New York : Doubleday, 1995.

Gies, Miep. *Anne Frank Remembered.* New York : Simon and Schuster, Inc., 1987.

Hobson, Alan. *One Step Beyond.* Banff, Alberta Canada : Altitude Publishing, 1992.

Mason, John. *An Enemy Called Average.* Tulsa, OK : John Mason, 1990.

Mason, John. *Conquering An Enemy Called Average.* Tulsa, OK : Insight International, 1996.

Mason, John L. *You're Born an Original Don't Die a Copy.* Altamonte Springs, FL : Insight International, 1993.

McCullough, David. *Truman.* New York : Simon and Schuster, Inc., 1992.

Muller, Melissa. *Anne Frank – The Biography.* New York : Henry Holt and Company, 1998.

Persico, Joseph E. *My Enemy My Brother, Men and Days of Gettysburg.* New York : Macmillan Publishing Company, 1977.

Phillips, Donald T. *Lincoln On Leadership.* New York : Warner Books, 1992.

Pullen, John J. *The Twentieth Maine.* Dayton, OH : Morningside House, Inc., 1957.

Shaara, Michael. *The Killer Angels.* New York : The Ballantine Publishing Group, 1974.

The Living Bible. Wheaton, IL : Tyndale House Publishers, Inc., 1971.

Wills, Garry. *Lincoln at Gettysburg, The Words That Remade America.* New York : Touchstone, 1992.

World Book Encyclopedia. Chicago, IL : World Book, Inc., 1993.

Au sujet de l'auteur

LOUANGÉ PAR UN REPORTER DU *NEW YORK TIMES* COMME ÉTANT « quelqu'un qui est secrètement devenu l'une des personnes les plus influentes en Amérique », Andy Andrews est un auteur de succès de librairie et un conférencier très prisé auprès des organisations parmi les plus prestigieuses au monde. Il a été invité en tant qu'orateur par quatre présidents des États-Unis, de même que sur différentes bases militaires à travers le monde. Andy fait fréquemment des apparitions à *CNN, Fox News* et *Good Morning America*, sur la chaîne *ABC*. Il est l'auteur du livre *The Heart Mender,* de même que des succès de librairie du *New York Times, L'homme qui donnait son avis* et *Les sept décisions.* Il vit à Orange Beach, en Alabama, avec sa femme, Polly, et leurs deux garçons.

RECYCLÉ
Papier fait à partir de matériaux recyclés
FSC® C021757

Marquis imprimeur inc.

Québec, Canada
2011

Imprimé sur du papier Silva Enviro 100% postconsommation traité sans chlore, accrédité Éco-Logo et fait à partir de biogaz.